2019년 6월 17일 초판 1쇄

글 박신홍
펴낸곳 HadA
펴낸이 전미정
책임편집 최효준
디자인 고은미 최하영
출판등록 2011년 5월 17일 제300-2011-91호
주소 서울 중구 퇴계로 182 가락회관 6층
전화 02-2275-5326
팩스 02-2275-5327
이메일 go5326@naver.com
홈페이지 www.npplus.co.kr
ISBN 978-89-97170-49-4 (03340)

정가 15,000원

ⓒ 박신홍, 2019

도서출판 하다는 (주)늘품플러스의 출판 브랜드입니다.
이 책은 저작권법에 따라 보호받는 저작물이므로 무단 전재와 무단 복제를 금지하며,
이 책 내용의 전부 또는 일부를 이용하려면 반드시 저작권자와 ㈜늘품플러스의 동의를 받아야 합니다.

한국 정치,
야당의
길을 묻다

한국의 민주주의는 지금 어디로 가고 있는가. 한국의 민주주의는 지금 어디쯤에 와 있는가. 『제3의 물결』 저자인 새뮤얼 헌팅턴은 평화로운 선거를 통해 두 차례 정권이 교체되면 민주주의가 공고화된 사회라고 규정했다. 그에 따르면 1997년과 2007년, 2017년 대선 결과 세 차례나 집권 세력이 바뀐 한국은 신생 민주주의 단계를 넘어 민주주의 공고화를 향해 나아가고 있어야 맞다.

하지만 현실은 어떤가. 쇠망치와 육탄전이 난무하는 동물국회, 토론과 타협은 온데간데없이 사생결단식으로 싸우기만 하는 여야 정치권, 개점휴업 상태를 벗지 못하는 여의도 국회의 모습은 예나 지금이나 변한 게 없다. 자유선거를 통한 집권 세력의 교체라는 제도적 민주주의는 어느 정도 담보됐을지 몰라도 실질적 민주주의의 정착은 여전히 요원해 보이는 게 부인할 수 없는 현실이다. 4차 산업혁명 시대를 맞아 '더 좋은 민주주의'를 어떻게 구현할 것이냐를 고민해도 부족할 판에 민주주의가 공고화되기는커녕 오히려 질적으로 퇴보하고 있다는 우려 또한 만만찮다.

무엇이 문제인가. 사람의 문제인가, 제도의 문제인가, 아니면 문화의 문제인가. 2016년 촛불집회에서 증명됐듯이 국민의 민도는 그 어느 선진국 못지않은데, 오히려 다른 나라들의 부러움을 살 정도로 성숙해 있는데 왜 한국의 정치 현실은 좀처럼 후진적인 모습을 벗지 못하고 있는 것일까. 이 같은 고민에 대해 조금이나마 실마리를 찾아보려는 게 이 책을 집필하게 된 근본 취지였다.

문제가 뭔지 알아보기 위해서는 먼저 과거의 역사를 촘촘히 들여다볼 필요가 있겠다 싶었다. 과거는 현재의 거울이라 하지 않나. 더욱이 여야 간 몸싸움, 끝 모를 국회 공전, '전가의 보도'처럼 애용되는 색깔론, 이른바 개혁입법의 추진과 강력 저지, 천막 농성과 장외투쟁, 나름의 정책 대안 없이 심판론에만 의존하는 야당의 대여 공세 등 최근 정치권에서 보이는 모습들은 10년 전, 20년 전과 별다를 게 없다. 역사는 돌고 돈다지만 한국의 정치 현실만큼 기시감과 데자뷔의 연속인 경우도 흔치 않다. 여야 정당의 무능력·무기력·무책임한 행태도 놀랍도록 닮았다. 그런 만큼 이전 정부 시기의 정치적 언행들을 되돌아보려는 시도는 이를 반면교사로 삼기에 충분하다는 점에서 의미 있는 작업이 될 수 있겠다 싶었다.

이는 또한 역사의 기록을 다시금 정리해 본다는 측면에서도 효용성이 있다. 비록 전과 달리 포털 사이트 클릭 한 번으로 웬만한 검색이 가능한 시대가 됐다지만 막상 관련 자료를 찾아보려 할 경우 단편적인 사실을 넘어 보다 객관적이고 종합적인 시각에서 당시 상황을 기술한 콘텐츠를 접하기는 쉽지 않은 게 현실이다. 당장 지난 4월 국회

패스트트랙 처리 과정에서 7년 만에 물리적 충돌이 재발했을 때도 주변의 많은 정치인과 기자들이 "그렇다면 과연 7년 전에는 어떤 일이 있었는지, 왜 그런 일이 벌어졌는지 알아보려 했지만 의외로 만족스러운 자료를 구하기가 쉽지 않더라"는 반응을 보이기도 했다. 정보의 홍수 시대에 살고 있지만 조각난 정보만으로는 전체 그림을 유추하는 데 한계가 있을 수밖에 없기 때문이다. 한국 정치처럼 복잡 미묘한 변수들이 얽혀 있는 분야는 더더욱 그러하다.

게다가 어차피 현실 정치에서 나타나는 양태들이 쳇바퀴 돌 듯 반복되는 것이라면 예전 모습을 정확히 기술해 놓을 필요성은 더욱 커지기 마련이다. 특히 이 책은 2000년대 들어 집권한 노무현·이명박·박근혜 정부 시기를 분석 대상으로 삼고 있는 만큼 상대적으로 매우 낯익은 장면들이 많을 수밖에 없다. 바로 엊그제 벌어진 일처럼 느껴지는 경우도 적잖을 것이다. 하지만 특정 사건의 정확한 '팩트'와 주요 변수들에 대한 기억은 흐릿해진 상태이기 쉽다. 정치권의 반복되는 구태는 바로 이 지점을 파고든다. 낯익음이 가져다주는 역설이다. "한국의 정치인들이 가장 믿는 구석은 유권자들의 망각"이란 여의도 정치권의 속설이 흔들림 없이 지속되는 이유다. 이 같은 속설이 더 이상 발붙일 수 없도록 하기 위해서라도 정치권의 무능과 일탈은 그 전말을 기록으로 남겨둘 필요가 있다.

하지만 21세기 한국 정치를 분석하고 연구한 책이나 논문 중 만족할 만한 자료를 접하기는 쉽지 않다. 비교적 최근이란 시간적 제약 때문이기도 하겠지만 보다 근본적으로는 '현상 따로, 이론 따로' '현장 따로, 연구실 따로'라는 분절된 구조 탓이기도 하다. 하나의 정치 현상에 대해서도 학계의 연구 논문과 언론사의 분석 기사, 정치인들의 관련 발언이 제각각인 상황이 오랫동안 지속돼 왔지만 이들을 한데 접목시키려는 노력은 드물었던 게 그간의 현실이다. 저명한 정치학자 이안 샤피로Ian Shapiro가 "경험 연구 없는 이론적 야망은 공허하고, 이론적 야망 없는 경험 연구는 맹목적"이라고 지적한 것처럼 현장성을 담보한 의미 있는 질문과 그에 따른 적절한 연구 방법론이 함께 가야 일반인 유권자들도 공감할 수 있는 분석 결과를 도출해낼 수 있지만 한국은 여전히 학계와 현장의 괴리를 극복하지 못하고 있는 실정이다.

이 책은 이런 문제의식을 바탕에 깔고 있다. 정치권과 언론계는 이론적·객관적 근거가 미흡한 상태에서 권력 다툼에만 초점을 맞추고, 학계는 정치 현장의 깊숙한 내막에 대한 충분한 고려 없이 데이터만 가지고 현상을 분석하는 경향이 강하다 보니 이론과 실제를 아우르는 글을 찾아보기 힘들다는 아쉬움도 컸다. 비록 작지만 나름의 시도를 해보고 마음먹은 이유다. 25년 기자 생활의 상당 기간을 정치권 취재 현장에서 보냈고, 이론적 뒷받침이 절실히 필요하다는 판단에 따라 늦깎이로 연구에 몰두해 정치학 박사가 된 이력을 살려 내 나름의 시각과 시선으로 '현장 따로, 연구실 따로'라는 현실의 벽을 조금이나마 허물어 보고 싶었다. 비록 초보적 시도일 뿐이지만 이런 융합적인 시각이 하나둘 쌓이고 여기에 생산적인 토론이 덧붙여지면 이런 노력들이 날줄과 씨줄로 엮일 수 있지 않겠나 싶었다.

그중에서도 야당에 포커스를 맞추게 된 것은 한국 정치학계의 기존 연구 중 야당을 다룬 논문이 사실상 전무하다는 걸 알게 된 뒤부터였다. 야당의 역할과 기능에 대한 일반론적인 연구는 여럿 있었지만 한국의 정치 현실에서 살아 숨 쉬어온 실제 야당을 직접 다룬 연구는 찾아보기 힘들었다. 더욱이 야당의 '책임성'에 대한 국내 논문은 전무하다시피 했다. "책임성은 현대 민주주의 체제의 질적 수준을 가늠할 수 있는 가장 중요한 척도 중 하나"라는 데 이의를 다는 정치학자는 없다. 이렇듯 현대 민주주의 체제에서 책임성의 중요성이 날로 강조되고 있음에도 불구하고 이에 대한 국내 연구는 아직 불모지나 다름없는 실정이다. 하지만 정치는 여당과 야당의 두 날개로 날아야 추락하지 않는다. 야당이 바로 서야 한국의 민주주의도 앞으로 나아갈 수 있다. 야당이 국민의 신뢰를 바탕으로 강한 야당이 될 때 집권 여당도 나태함을 벗고 국민의 목소리에 더욱 귀를 기울이게 된다. 대통령과 여당에 대한 연구 못지않게 야당에 대한 연구가 보다 활발히 이뤄져야 하는 이유도 여기에 있다.

이 책은 학술서다. 그런 기조하에서 야당의 책임성을 주된 테마로 잡고 견제와 대안이란 나름의 분석틀을 제시한 뒤 이를 통해 노무현·이명박·박근혜 정부 시기의 야당을 비교 분석해 보고자 했다. 또한 박사 학위 논문 등 대학원에서 연구하고 고민한 결과를 바탕으로 실제 한국의 정치 현장에서 직접 보고 겪고 경험한 것들을 최대한 객관적인 시각에서 재해석해 보고자 했다. 그러면서도 최대한 대중적으로 쓰고자 했다. 학술서라고 해서 딱딱한 문어체와 정해진 틀만 고집하는 건 요즘 같은 시대에 독자에 대한 예의가 아니다 싶었다. 기자로서 쌓아온 역량과 경험을 살려 최대한 읽기 쉽고 편하게, 책장이 술술 넘어가게 쓰고자 했다.

이 책이 나오기까지 많은 분들의 도움과 가르침이 있었다. 무엇보다 성균관대 정외과 대학원 지도교수님이신 마인섭 교수님께 감사 인사를 드린다. 교수님의 끊임없는 조언과 관심이 없었다면 이 책은 결코 나올 수 없었을 것이다. 성균관대 김비환 교수님과 조원빈 교수님, 한신대 조성대 교수님, 국회입법조사처 이정진 박사님께도 이 지면을 빌어 감사의 말씀을 전하고 싶다. 대학원에서 고민을 함께 나눈 동료

들에게도 따뜻한 우정의 인사를 전한다. 여야 정치권의 많은 지인들, 현역 의원뿐 아니라 재야의 숨은 실력자들께도 큰 가르침을 받았다. 명성이 그저 쌓이는 게 아님을 새삼 실감하게 해준 그분들께도 심심한 감사 인사를 전하는 바이다.

끝으로 가족들에게 이 책을 바친다. 지난해 세상을 떠난 아버님과 연로하신 어머님, 형과 누나들과 조카들, 그리고 장인어른께 진심을 담아 고마운 마음을 전하고 싶다. 예쁜 아내 희진과 멋진 아들 재형은 내가 살아가는 힘이자 원천이다. 세상이 아무리 험해도, 소확행주의자인 나는 앞으로도 이들과 함께 행복의 하이웨이를 계속 달려볼 참이다.

2019년 5월

박신홍

목차

이 책은 2000년 이후 한국의 현실 정치가 어떻게 변화해 왔으며, 그 안에서 야당은 어떠한 역할을 맡았고 얼마나 그 책임을 다해 왔는지 실증적으로 고찰해 보는 데 그 목적이 있다. 구체적으로 21세기 들어 집권한 노무현 정부와 이명박 정부, 박근혜 정부 시기를 대상으로 삼고 이 시기의 정치 현실은 어떤 메커니즘을 바탕으로 작동했는지, 또한 그 안에서 야당은 과연 제 역할을 다해 왔는지, 그렇지 못했다면 왜 항상 지리멸렬한 모습을 보일 수밖에 없었는지 심층적으로 들여다보고자 했다. 이를 위해 단순히 여야 간 정쟁 차원에서 바라보는 기존의 접근 방식에서 탈피해 체계적인 정량적·정성적 분석을 통해 보다 객관적 시각에서 당시 정치권과 야당의 행태를 평가해 보고자 했다.

오늘날 민주주의 국가는 대의민주주의 체제로 운영되고 있다. 책임성 있는 대의정치란 주권자로부터 부여된 역할과 책임을 충실히 수행하는 정치라고 정의할 수 있다. 이 같은 대표의 책임성을 제도적으로 가장 잘 담보할 수 있는 기제가 정당이다. 그중에서도 특히 선거를 통해 통치를 위임받은 여당에 일차적 책임이 지워진다. 하지만 야당 또한 책임으로부터 자유롭지 못하다. 오늘날 의회민주주의는 야당의 존재와 기능을 필수불가결한 전제로 상정하고 있으며, 제도화된 기구인 야당의 성공은 궁극적으로 민주주의의 성공을 담보하는 관건이 된다. 반대로 야당의 실패는 정당민주주의의 실패로 이어지고 이는 곧 민주주의의 실패로 귀결되기 마련이다. 그런 만큼 오늘날 대의민주주의에서는 여당 못지않게 야당에게도 국정의 동반자로서의 지위와 그에 따른 책임이 부과되고 있는 게 현실이다.

야당은 기본적으로 정부와 여당의 정책에 비판적인 사회 내 다양한 구성원들의 의사를 수렴해 이를 의미 있는 정책 대안으로 제시하는 가운데 국민 다수의 지지를 확보하며 선거에서 승리하는 것을 목표로 삼는다. 이런 측면에서 정부·여당에 대한 견제check와 비판, 제재와 처벌 등이 야당 고유의 기능과 역할로 상정된다. 이에 더해 정책적 대안alternative을 마련하고 이를 유권자에게 제시할 것을 요구받는다. 이처럼 야당은 고정된 주체가 아니라 주기적으로 실시되는 선거 결과에 따라 가변적인 주체이며, 따라서 야당은 야당 자체를 목적으로 하지 않고 여당에 대한 견제와 자체적인 정책 대안 마련을 통해 차기 선거에서 여당이 되고자 노력하게 된다.

하지만 이처럼 정당의 중요성이 날로 강조되고 있음에도 불구하고 이에 대한 전문가들의 분석과 평가는 단편적이고도 개념적인 수준에 머물러 있는 상황이다. 더욱이 야당에 대한 연구는 그 자체가 매우 드문 실정이다. 왜 한국의 정당이 제 역할을 다하지 못하고 있는지, 왜 한국의 야당은 늘 무기력함을 면치 못하는지에 대한 체계적인 분석은 정치권은 물론 학계와 언론계에서조차 찾아보기 힘든 게 현실이다.

이 책을 쓰기로 마음먹은 가장 큰 이유 중 하나다. 한국 정치가 왜 국민의 지탄을 받고 있는지 분석하고 이에 대한 해결책을 모색하기 위해서는 객관적이고도 실증적인 진단이 선행돼야 함에도 불구하고 정치권과 학계, 언론계 모두 권력 쟁취와 선거 승리라는 정치 현실에만 매몰된 채 진지한 고민과 분석과 토론을 등한시해 왔다는 자성이 이 책을 집필하게 된 출발점이었다.

이 책은 이 같은 문제의식을 바탕으로 실제 한국의 정치 현실에서 정당의 역할과 책임성이 얼마나 담보됐고 어떤 측면이 결여됐는지, 그중에서도 한국의 야당은 어떤 한계를 드러냈는지를 연대기적 기술 chronological description을 활용한 통사적 접근 방식을 통해 '실증적'으로 살펴봤다. 또한 이를 바탕으로 노무현 정부 때 야당인 한나라당과 이명박·박근혜 정부 때 야당인 민주당의 행태와 대응 방식을 비교 분석해 봤다. 보다 구체적으로 각각의 정부를 1기, 2기, 3기 등 시기별로 세분화한 뒤 정국의 주된 터닝 포인트로 작용했던 사건들을 함께 조명하면서 당시 정국이 왜 갈등의 늪에서 헤어나지 못했는지, 그리고 당시 야당의 역할과 책임은 왜, 얼마나 부재했는지 그 원인과 변수들을 짚어 봤다.

시기별 구분은 대내외적 변수에 직면해 대통령과 집권 여당, 그리고 야당의 상호 관계 속에서 정국의 흐름이 급격히 변화했던 당시 상황을 감안했다. 이에 더해 노무현 정부 때 탄핵과 4대 개혁입법 논란, 이명박 정부 때 광우병 촛불집회와 무소속 돌풍, 박근혜 정부 때 세월호 참사와 비선 실세의 발호 등 각각의 정부에서 중요한 변곡점으로 작용했던 사건들을 곁들이며 시기별 구분과 더불어 야당의 대응 방식과 행태를 비교해 보고자 했다.

야당의 책임성을 평가하는 데 있어서는 견제check와 대안alternative을 주된 기준으로 삼았다. 야당이 대통령과 집권 여당에 맞서 책임성을 온전히 수행하는 데 있어 견제와 대안이 가장 핵심적인 부분을 차지한다는 판단에서다. 이 책은 이를 바탕으로 야당의 책임성을 두 가지 측면에서 분석·평가하고자 했다. 첫째는 정량적 분석으로, 야당이 탄핵을 비롯한 견제와 제재·저항에 나설 당시 이에 대한 찬반 여론조사 결과는 어떠했는지, 그리고 대선·총선·지방선거와 재·보궐선거 등 이후 치러진 선거 결과는 어떠했는지 등이 주된 평가 대상이다. 이를 통해 야당이 견제와 저항이란 책임성을 수행함에 있어서 여론의 지지와 국민적 신뢰 확보가 제1의 성공 조건이며, 이 같은 국민적 공감대 없이 견제와 저항을 추진할 경우 오히려 역풍을 초래할 수 있다는 점을 이 책의 첫 번째 가설로 설정했다. 예를 들어 대통령 탄핵의 경우 2004년 노무현 대통령 탄핵안 발의 당시와 2016년 박근혜 대

17

통령 탄핵안 발의 당시의 찬반 여론조사 결과가 극적으로 대비된다는 점은 탄핵의 결과와 맞물려 학문적으로도 좋은 비교 연구 사례가 될 수 있을 것이다.

또한 단지 대통령과 여당에 대한 견제와 저항만으로는 야당의 지지 도를 끌어올리는 데 뚜렷한 한계가 있으며, 여기서 한발 더 나아가 선제적·적극적 차원의 정책 대안 제시가 뒤따라야 한다는 두 번째 가설도 실제 사례들을 통해 검증해 보고자 했다. 2010년 지방선거에서 민주당이 무상급식 공약을 내놓으며 민생 문제 해결을 원하던 유권자들의 관심과 지지를 이끌어 낸 게 대표적이다. 이는 이명박 정부와 박근혜 정부 때 대통령의 실정과 여당의 분열에 대한 유권자들의 분노와 실망감이 곧바로 야당의 지지도 상승으로 이어지지 않았던 것과도 맥을 같이한다. 실제로 야당이 대통령과 여당을 비판하고 압박하는 것만으로는 여론의 지지를 충분히 이끌어 낼 수 없으며 정책적 대안을 함께 제시해야 유의미한 지지도 상승을 기대할 수 있다는 가설은 각종 여론조사 결과를 통해 확인되고 있다.

둘째는 정성적 분석으로, 야당이 견제·저항과 대안 마련에 나서게 되는 내적 요인을 정치 구조적 측면에서 조명해 봄으로써 야당의 책임성이 성공적으로 수행되는 데 있어 어떤 정치적 변수들이 영향을 미치는지 살펴봤다. 이는 현실 정치에서 야당의 책임성이 효과적으로 수행되려면 여론의 지지와 공감대 확보 못지않게 야당 내부의 실천 역량과 이를 담보할 수 있는 인적 구조가 뒷받침돼야 한다는 점에서 중요한 의미를 내포하고 있다. 여론이 아무리 야당의 견제 노선을 지지하고 있더라도 야당 스스로 이를 성공시킬 힘을 갖추지 못하고 있다면 야당의 책임성은 결국 실패로 귀결될 수밖에 없을 것이기 때문이다.

내적 요인에 대한 평가 기준으로는 우선 강력한 차기 리더십의 존재 여부를 꼽을 수 있다. 노무현 정부 때 이명박·박근혜라는 강력한 대선후보 두 명의 존재가 한나라당과 지지층을 하나로 묶는 데 결정적 공헌을 한 게 대표적 사례다. 거꾸로 박근혜 정부 말기에는 집권 여당에 박근혜 대통령의 뒤를 이을 마땅한 차기 주자가 없었던 반면, 야당인 더불어민주당은 서너 명의 유력 주자가 경쟁을 펼치면서 지지층 결집에 성공할 수 있었다. 또한 차기 리더십의 존재는 당 내부 분열을 미연에 방지하고 견제와 저항의 노선이 일관되게 유지되도록 하는 데 있어서도 주된 원동력으로 작용했다는 점에서 중요한 의미를 갖는다. 이명박 정부 시기와 박근혜 정부 시기의 야당이 여당의 실정과 잇단 정국의 호재에도 불구하고 각종 선거에서 참패를 거듭한 것은 당력을 하나로 집중해 대여 투쟁에 전념하기보다는 고비 때마다 내부 권력 투쟁과 공천 다툼에 매몰됐기 때문이란 게 중론이다. 여기에는 근본적 역량의 한계 못지않게 유력한 차기 주자의 부재에 따른 당내 구심점 실종이 적잖은 영향을 미쳤다고 볼 수 있다.

이 책은 이 같은 가설을 바탕으로 '책임성은 여론과 민의에 대한 책임'이란 명제를 지난 15년간 한국 정치에서 실제 발생했던 주요 사건들을 통해 검증해 보고자 했다. 이와 관련, 여론과 민의를 객관적으로 추적하기 위해 중앙선거관리위원회 산하 중앙선거여론조사심의위원회에 등록된 공식 여론조사 결과를 기본적인 참고자료로 삼았다. 그중에서도 매주 정기적으로 정치 관련 여론조사를 실시한 한국갤럽의 조사 결과를 주된 자료로 활용해 여론의 흐름을 최대한 일관성 있게 비교 평가할 수 있도록 했다. 이 같은 분석은 현재 문재인 정부의 야당을 비롯해 앞으로도 계속 등장할 야당이 과거 야당의 실패를 되풀이하지 않고 정책적 대안 정당으로 나아가는 데 있어서도 좋은 참고자료가 될 수 있을 것이다. 과거는 현재의 거울이란 경구는 한국 정치에도 그대로 적용되고 있기 때문이다. 더 나아가 한국의 민주주의가 공고화의 단계를 넘어 실질적인 민주주의 체제로 나아가는 데 있어서도 나름의 시사점을 제공해줄 수 있을 것이다.

한국 정치,
야당의
길을 묻다

1부
─────

노무현
정부와 야당

1장
노무현 정부 1기

1. 한나라당과 민주당의 야당 공조

노무현 대통령 탄핵과 뒤이은 총선은 노무현 정부의 1기초기와 2기 중기를 구분 짓는 가장 큰 변곡점이었다. 2004년 3월 노무현 대통령 탄핵은 당시 야당인 한나라당과 민주당의 합작품이었다. 하지만 탄핵에는 성공했음에도 불구하고 그에 따른 후폭풍으로 인해 야당은 4·15 총선에서 고배를 마셔야 했다. 야당은 탄핵을 통해 내심 정국의 반전을 노렸지만 결국 실패로 끝나고 말았다. 야당의 책임성 측면에서 볼 때 탄핵이란 가장 강력한 수단을 동원했음에도 불구하고 소기의 성과를 거두지 못하면서 노무현 정부와 집권 여당에게 새로운 반등의 계기만 헌납하는 결과를 초래한 셈이다. 이처럼 노무현 대통령 탄핵은 2003년 2월 노무현 정부 출범부터 2004년 4월 총선까지 노무현 정부 1기를 규정짓는 가장 큰 변수로 자리 잡았다. 그런 점에서 노무현 정부

1기 야당의 형태를 분석·평가해 보기 위해서는 한나라당과 민주당이 왜 탄핵이란 카드를 꺼낼 수밖에 없었는지 당시의 정국 상황을 먼저 살펴볼 필요가 있다.

2002년 12월 노무현 대통령의 당선으로 민주당은 정권 재창출에 성공했다. 하지만 대선 과정에서 불거진 신주류와 구주류의 갈등은 대선 이후에도 고스란히 이어졌고 오히려 더욱 확대 재생산되면서 결국 분당이란 결과로 이어지게 됐다. 노무현 대통령은 당선 직후 기자회견에서 새로운 정치의 주역이 되기 위해 민주당은 전면적인 환골탈태를 통해 새롭게 태어나야 할 것이라며 민주당에 대한 본격적인 개혁에 착수할 것임을 선언했다. 또한 민주당 개혁을 시작으로 정치권 전반을 변화시키겠다는 입장을 밝히고 취임 전 이에 대한 가시적인 성과를 끌어내겠다며 정치개혁에 대한 의지를 분명히 했다.

이어 2003년 2월 25일 취임식에서는 "개혁은 성장의 동력이고 통합은 도약의 디딤돌"이라며 개혁에 더해 통합이란 화두를 제시했다. 정치권에서는 노무현 대통령이 통합을 강조한 것은 한나라당과의 관계 개선 의지를 드러낸 것으로 해석했다. 여소야대라는 국회 내 세력 분포를 감안할 때 개혁입법의 원만한 처리를 위해서는 제1야당인 한나라당의 협조가 필수적이란 판단에서 노무현 대통령이 먼저 손을 내밀었다는 분석이었다. 실제로 당시 16대 국회는 전체 273석 중 한나라당이 151석으로 과반을 훨씬 넘는 의석을 차지하고 있어서 집권 여당 단독으로는 어떠한 법안도 통과시킬 수 없는 상황이었다. 하지만 노무현 대통령의 의도와 달리 취임 바로 다음 날 한나라당이 제출한 대북송금특검법안이 국회를 통과하면서 노무현 대통령의 통합 행보는 곧바로 난관에 봉착하게 됐다. 또한 이는 민주당의 분열을 촉발하는 주된 계기로 작용했다.

민주당 내 신주류와 구주류의 갈등은 이미 대선 직후 구주류인 한화갑 대표의 퇴진 여부를 둘러싸고 한 차례 표면화된 상태였다. 그런 가운데 2월 4일 대북송금특검법안이 국회에 제출되자 동교동계를 중심으로 한 민주당 구주류는 강하게 반발했다. 이에 대해 한나라당은 남북문제는 국가의 민족의 명운이 걸린 문제로 국회 동의와 여야 협의 등 국민적 공감대를 형성해 가며 적법하고 투명하게 접근해야 하는 사안인 만큼 특검제 도입이 불가피하다고 주장했다. 또한 진상을 철저히 규명하고 관련자를 처벌해 국민적 의혹을 해소하고 국가 운영의 투명성과 합법성을 확보해야 한다며 표결을 강행했다.

투표 결과 특검법이 국회를 통과하면서 정치권의 이목은 노무현 대통령이 과연 거부권을 행사할지에 쏠렸다. 민주당 구주류는 대통령이 이를 거부해야 한다고 주장한 반면, 한나라당은 국회가 의결한 법안에 대통령이 거부권을 행사한다면 더욱 강력한 대여 투쟁에 나설 수밖에 없다고 경고했다. 결국 2003년 3월 14일 노무현 대통령은 거부권을 행사하지 않고 특검법을 공포하면서 사실상 한나라당 손을 들어 줬다. 이는 노무현 대통령이 취임 후 국회가 처음 통과시킨 법에 거부권을 행사하는 데 부담감을 느낀 데다 집권 초부터 대야 관계를 파국으로 몰고 갈 수는 없다고 판단한 것으로 분석됐다.

민주당 구주류는 강하게 반발했다. 동교동계 내부에서는 "이렇게 되면 당을 쪼개자는 것 아니냐"는 격앙된 반응이 터져 나왔다. 이로 인해 여당인 민주당 내 신주류와 구주류의 갈등은 폭발 직전까지 심화됐다. 특히 김대중 전 대통령의 햇볕정책을 정면으로 건드렸다는 점에서 갈등의 골은 더욱 깊게 패였다. 여기에 4·24 재·보궐선거에서 경기도 고양 덕양갑 공천을 둘러싸고 신주류는 개혁당의 유시민 후보를 연합 공천하자고 주장한 데 대해 구주류는 여당이 공천을 포기할 수는 없다고 맞서며 또다시 충돌하게 됐다. 결국 신주류 의지대로 유시민 후보가 연합 공천을 받아 당선됐지만 당초 민주당이 현역 의원이었던 서울 양천을과 의정부는 한나라당에 패하면서 선거 결과를 놓고 책임론 공방이 거세게 일었다. 신주류는 당 개혁이 지지부진한 데 대해 국민이 실망했기 때문이라며 패배의 책임을 구주류에 돌린 뒤 당 개혁에 더욱 박차를 가하라는 국민적 요구라고 주장한 반면, 구주류는 신주류가 덧셈정치가 아닌 뺄셈정치로 당을 분열시키며 독선적이고 반민주적인 태도를 보인 데 대한 국민의 실망감이 표출된 것이라고 반박했다.

이처럼 대선 과정에서 빚어진 민주당의 내분은 노무현 대통령이 당선된 뒤에도 가라앉기는커녕 오히려 확대 재생산되는 모습을 보였다. 이는 대선후보 단일화 앙금에 따른 인적 청산 논란에서 시작돼 노무현 대통령의 대북송금특검법 공포를 통해 더욱 확대됐고, 이어 재·보궐선거 공천을 둘러싸고 돌이킬 수 없는 수준으로까지 악화됐다고 볼 수 있다. 결국 재·보궐선거 직후인 4월 28일 민주당 신주류 의원 22명이 당내에 신당추진위를 구성하고 민주당을 발전적으로 해체할 것을 선언하면서 대선 승리 넉 달 만에 집권 여당이 분당의 길을 걷게 되는 초유의 사태가 벌어지게 됐다.

반면 한나라당은 노무현 정부 출범 전부터 불거진 이 같은 여당 내

세력 다툼 속에서 뜻하지 않은 어부지리를 얻게 됐다. 이회창 후보가 노무현 후보에 패하면서 큰 충격을 받고 휘청거리던 한나라당으로서는 예기치 않은 여권 분열로 심기일전하며 전열을 정비할 수 있는 시간을 벌 수 있게 됐을 뿐 아니라 미래에 대한 희망도 찾을 수 있게 됐다. 이를 야당의 책임성이란 측면에서 볼 때 야당인 한나라당 입장에서는 특검법이란 견제 카드를 꺼내 들긴 했지만 대선 패배와 새 대통령 취임이란 흐름에 묻혀 이 같은 견제 행위가 제 힘을 발휘할 거라고 기대하긴 힘든 상황이었다. 하지만 노무현 대통령이 거부권을 행사하지 않고 이로 인해 여당의 자중지란이 깊어지면서 견제 의도의 적실성에 대한 평가는 차치하더라도 적어도 현상적으로는 견제라는 수단을 성공적으로 행사한 모양새가 됐다.

창당을 공식 선언한 민주당 신주류는 한나라당 탈당파와 시민단체 관계자들과 함께 3자 연대를 구축하며 신당 창당 작업에 나섰다. 이와 별도로 신주류는 구주류와의 협상도 이어갔지만 구주류가 "민주당 틀을 유지하는 가운데 내부 개혁을 추진하자"는 기존 입장을 굽히지 않으면서 별다른 성과를 거두지 못했다. 이에 더해 구주류는 물리력을 동원해서라도 당무회의 표결을 반드시 저지하겠다고 공언한 데 이어 노무현 대통령이 신당에 우호적으로 발언하는 데 대해서도 강력 반발하고 나서면서 당내 합의 가능성은 갈수록 줄어만 갔다.

그런 가운데 민주당 구주류는 9월 26일 감사원장 국회 임명동의안에 반대표를 던져 인준을 부결시키면서 노무현 대통령의 리더십에 타격을 가하고자 했다. 이에 노무현 대통령이 9월 29일 민주당 탈당을 전격 선언하면서 양측의 갈등은 최고조에 달했다. 결국 민주당 신주류는 11월 11일 중앙당 창당대회를 열고 신당을 공식 출범시켰고, 이에 맞서 구주류도 11월 28일 조순형 대표를 새로운 당 대표로 선출하면서 여당이 집권 첫 해 분당되는 초유의 사태를 맞게 됐다.

집권 여당의 분열로 정국이 혼란에 빠지자 노무현 대통령은 10월 10일 긴급 기자회견을 통해 '재신임 카드'를 들고 나왔다. 재신임을 묻는 국민투표를 계기로 정국의 주도권을 다시 거머쥐겠다는 판단에서 승부수를 던진 것이었다. 그러자 민주당 구주류는 한나라당과 공조해 반노무현 전선을 구축하고 나섰다. 두 야당의 공조는 11월 10일 처음 가시화됐다. 대통령 측근 비리를 조사할 특별검사를 임명하는 내용의 특검법안을 두 당의 공조로 통과시키면서다. 노무현 대통령이 회심의 카드를 던지며 재신임 정국을 주도하려 하자 내년 총선을 앞두고 위기의식을 공유한 두 야당이 노무현 대통령을 견제하고 정국 주도권을 되찾아 오기 위해 특검 카드를 꺼내든 것이었다. 이들 야당은 또 노무현 대통령이 11월 25일 특검법안에 거부권을 행사하자 12월 4일 국회에서 이를 재의결하며 거부권마저 무력화시키는 데 성공했다. 두 야당은 이를 통해 정치권의 흐름을 재신임 정국에서 특검 정국으로 바꾸는 동시에 향후 탄핵 정국으로 나아갈 수 있는 발판을 마련할 수 있었다.

2. 노무현 대통령 탄핵과 17대 총선

탄핵을 가능하게 했던 내적·외적 구조

특검법이 통과되면서 노무현 대통령과 야당 간의 갈등은 더욱 고조되기 시작했다. 노무현 대통령은 한나라당이 아직도 대선 패배를 인정하지 않고 대통령을 식물인간 상태로 만들어 국정을 제대로 수행하지 못하게 하려는 것이라고 비난했다. 민주당에 대해서도 "내년 총선에서 민주당을 찍는 것은 한나라당을 도와주는 것"이란 취지의 발언을 통해 대립 구도를 더욱 명확히 했다.

이 같은 노무현 대통령의 강경 행보에 더욱 격렬하게 반응한 것은 민주당이었다. 2004년 1월 초 민주당은 "대통령이 선거운동을 하겠다고 나서는 것은 헌법과 법률을 정면으로 위반한 것인 만큼 탄핵 사유에 해당한다"고 경고한 데 이어 "대통령이 총선과 재신임을 연계할 경우 당의 명운을 걸고 탄핵을 추진하겠다"며 총력 대응을 선언하고 나섰다. 여기에 최병렬 한나라당 대표도 2월 4일 국회 원내 교섭단체 대표 연설에서 "노무현 정부가 대대적인 불법·관권선거를 획책하고 공작정치를 계속한다면 총선은 정상적으로 치를 수 없으며, 이런 상황이 계속된다면 대통령 탄핵을 포함해 취할 수 있는 모든 조치를 심각하게 검토하지 않을 수 없다"고 밝히며 탄핵 카드를 공개적으로 꺼내 들었다.

하지만 이런 경고와 비판에도 불구하고 노무현 대통령은 2월 24일 기자회견에서 "국민들이 열린우리당을 압도적으로 지지해줄 것으로 기대한다"고 밝혔고, 한나라당과 민주당은 이를 명백한 불법 선거운동이라고 단정하며 탄핵밖엔 방법이 없다고 거듭 압박했다. 그런 가운데 중앙선거관리위원회가 3월 3일 전체회의를 열고 노무현 대통령의 발언은 공무원의 선거 중립 의무를 규정한 선거법 제9조 위반이라고 결론을 내리자 민주당은 이를 근거로 대통령 탄핵을 추진하기로 최종 결정하고 탄핵법안 발의를 위한 서명 작업에 착수했다. 한나라당도 처음엔 신중한 모습을 보였지만 노무현 대통령이 야권의 사과 요구를 일축하자 3월 8일 탄핵 추진을 당론으로 확정하고 탄핵을 위한 본격적인 야당 공조에 돌입했다. 결국 3월 9일 국회에 상정된 노무현 대통령 탄핵소추안은 사흘 뒤인 3월 12일 박관용 국회의장이 질서유지권을 발동한 가운데 재석 195표에 찬성 193표로 가결됐다. 현직 대통령에 대한 탄핵안 가결은 56년 헌정사상 처음이었다.

이처럼 노무현 대통령 탄핵은 표면적으로는 한나라당과 민주당 등 야권이 선거 중립 의무를 위반했다는 중앙선거관리위원회 결정에도 불구하고 노무현 대통령이 야당의 사과와 재발 방지 요구를 묵살한 데 대해 강하게 반발하는 과정에서 비롯됐다. 하지만 그 이면에는 두 야당이 탄핵을 추진할 수밖에 없었던 여러 내적·외적 요인이 자리 잡고 있었고, 이들 요인이 야당의 결심을 재촉하는 촉매제로 작용하면서 탄핵 추진 동력을 한층 강화시켰다고 볼 수 있다.

한나라당과 민주당을 탄핵으로 이끈 주된 요인은 외부적 요인과 내부적 요인으로 나누어 살펴볼 필요가 있다. 우선 외부적 요인으로는 여소야대라는 16대 국회 의석 분포와 취임한 지 1년밖에 안 된 노무현 대통령의 낮은 지지도를 꼽을 수 있다. 의석 분포의 경우 노무현 대통령 탄핵안을 발의하고 가결할 당시 16대 국회는 다수당인 한나라당144석과 민주당62석이 전체 재적의원 271명 중 206명76%을 차지해 3분의 2를 훨씬 초과하고 있었다. 게다가 여당인 열린우리당은 민주당과 분당하면서 의석수로만 보면 제3당으로 축소된 상태였다. 그럼에도 엄연히 현직 대통령이 적극 지원하는 집권 여당인 만큼 두 야당으로서는 2004년 4월로 예정된 17대 총선에서 결코 승리를 장담할 수 없는 상황이었다. 이런 구조에서 중앙선거관리위원회의 결정이 나오자 두 야당은 이를 16대 국회 임기가 끝나기 전에 노무현 대통령에 결정적 타격을 가할 최후의 기회로 삼기로 했다. 두 야당은 이미 특검법안을 통과시키는 과정에서 노무현 대통령의 거부권마저 무력화시키는 등 공조의 위력을 확인한 만큼 국회 의석수를 바탕으로 견제에 나설 만한 동인은 충분히 확보돼 있었다.

게다가 노무현 대통령의 국정 지지도는 갈수록 하락해 전임 대통령들의 취임 1년 지지도의 절반에도 미치지 못하는 수준까지 떨어진 상태였다. 2004년 2월 서울신문과 한국사회과학데이터센터 조사에 따르면 노무현 대통령이 국정 운영을 잘하고 있다는 응답은 12.8%였던 반면 잘못하고 있다는 응답은 48.5%에 달했다. 노무현 대통령 취임 1년을 맞아 조선일보가 실시한 여론조사에서도 국정 운영을 잘못하고 있다는 응답56.2%이 잘하고 있다는 응답25.1%에 비해 두 배 이상 많았다. 이처럼 노무현 대통령이 좀처럼 국민적 인기를 회복하지 못하는 당시 상황은 두 야당으로 하여금 탄핵을 추진해도 충분히 성공할 수 있겠다는 자신감을 불어넣기에 충분했다.

이에 못지않게 내부적 요인도 두 야당을 탄핵안 발의로 이끈 주된 동력으로 작용했다. 한나라당의 경우 이른바 '차떼기' 파문이 불거진

2003년 11월 이후 당 이미지 추락과 지지도 동반 하락을 면치 못하고 있던 중이었다. 민주당도 열린우리당 분당의 여파로 낮은 지지도에 허덕이고 있었다. 또한 이로 인해 두 야당의 지도부는 리더십의 위기에 봉착해 있었다. 최병렬 한나라당 대표는 조기 전당대회 후 백의종군하겠다고 선언한 상태였고 조순형 민주당 대표는 당내 총선 후보 공천 문제로 심각한 내홍에 직면해 있었다. 이런 상황에서 두 야당 대표는 정치적으로 더 이상 잃을 게 없다는 판단에 따라 리더십 회복을 위한 특단의 승부수를 띄울 필요성을 절감했고 그런 점에서 탄핵 추진은 뿌리칠 수 없는 호재로 받아들여졌다. 탄핵 결과 당 지지도가 상승하고 정국 주도권을 되찾아 올 수만 있다면 충분히 위험을 감수하고 도전해볼 만하다는 게 두 야당 지도부의 판단이었다.

여기에 노무현 대통령을 대통령으로 인정하지 않으려는 두 야당 내부의 잠재적 기류도 탄핵 추진을 가속화하는 또 다른 요인으로 작용했다. 실제로 한나라당 의원들 사이에서는 고졸 출신이란 출신 배경에 당내 변변한 세력조차 없는 점 등을 들어 대통령의 권위를 인정하지 못하겠다는 분위기가 강하게 자리 잡고 있었다. 게다가 노무현 대통령이 "대통령직 못해 먹겠다"고 토로하거나 측근 비리와 관련해 "재신임을 묻겠다"고 선언하는 등 전직 대통령들 사이에서는 좀처럼 볼 수 없었던 언행으로 논란을 거듭한 데 대해 대통령으로서의 자질을 의심하는 정서가 폭넓게 깔려 있었다. 이런 상황에서 노무현 대통령이 사과는커녕 책임을 두 야당에 돌리며 전면대결을 공언한 것은 불에 기름을 끼얹은 격이 됐고, 이후 두 야당은 이 같은 인식을 바탕으로 거리낌 없이 일사천리로 탄핵을 추진할 수 있었다.

한국 정치, 야당의 길을 묻다

탄핵의 결과와 실패 요인

이렇듯 두 야당은 대의민주주의 정당 체제에서 선택할 수 있는 최대의 견제와 제재 수단인 탄핵을 꺼내든 뒤 전광석화처럼 통과시키는 데 성공했다. 중앙선거관리위원회가 선거법 위반 결정을 내린 지 불과 9일 만이었다. 하지만 야당의 바람과 달리 탄핵은 결국 성공하지 못했다. 두 야당은 예상외의 강한 역풍에 직면해야 했고, 이어진 4월 총선에서는 열린우리당이 과반 의석을 차지하는 걸 지켜만 봐야 했다. 총선 결과 한나라당은 121석에 그쳐 제2당으로 물러났고 민주당은 9석의 군소정당으로 전락하고 말았다. 헌법재판소도 5월 14일 탄핵을 기각하면서 탄핵을 둘러싼 정치권의 헤게모니 다툼은 두 달여 만에 한나라당과 민주당의 완패로 끝났다.

야당의 탄핵 추진이 실패로 귀결된 데는 여러 요인이 복합적으로 작용했다. 무엇보다 당시 여론을 오판하고 아전인수로 해석한 데 따른 필연적인 결과라는 분석이 적잖다. 실제로 탄핵을 추진할 당시 노무현 대통령이 선거법 위반에 대해서는 사과해야 한다는 여론이 다수였지만 탄핵까지 나아가는 데는 반대하는 여론 또한 압도적으로 높았다. 이는 한나라당과 민주당의 주된 지지 기반인 영남과 호남에서도 예외는 아니었다. 실제로 노무현 대통령 탄핵소추안이 국회에 상정된 2004년 3월 9일 실시된 각종 여론조사 결과 탄핵 반대가 찬성을 압도하는 것으로 나타났다. KBS와 미디어리서치가 이날 실시한 여론조사에서도 탄핵 추진 반대가 65.2%였던 데 비해 찬성은 30.9%로 두 배 이상 차이가 났다. 탄핵 반대 기류는 국회 탄핵안이 가결된 3월 12일 더욱 확산돼 KBS의 당일 긴급 여론조사의 경우 탄핵 가결이 잘못됐다는 응답이 70.0%, 잘한 결정이라는 의견이 22.7%로 조사됐다.

탄핵에 부정적이기는 야당인 한나라당과 민주당 지지층도 마찬가지였다. 한겨레와 리서치플러스가 6일 실시한 여론조사 결과 한나라당 지지층의 48.5%가 반대해 찬성43.2%보다 많았고 민주당 지지층은 반대 58.8%, 찬성 32.5%로 격차가 더욱 컸다. 2002년 16대 대선에서 이회창 한나라당 후보 득표율이 75.5%였던 대구·경북TK 지역에서도 탄핵안 가결은 잘못이란 답변이 72.5%에 달했다. 이는 당 지지도에도 영향을 미쳐 한겨레와 리서치플러스의 10일 조사에서 18.6%였던 한나라당 지지도는 12일 14.6%로, 9.8%였던 민주당 지지도는 6.4%로 급감했다.

이는 2016년 박근혜 대통령 탄핵 때와는 전혀 상반된 모습이었다. 박근혜 대통령 탄핵소추안 국회 표결을 앞두고 한국갤럽이 12월 6~8일 여론조사를 벌인 결과 응답자의 81%가 찬성, 14%가 반대하는 것으로 나타났다. 더욱이 야3당 지지자의 90% 이상이 탄핵에 찬성했고 보수 성향 유권자도 66% 대 28%로 탄핵 찬성이 훨씬 많았다. 보수의 텃밭이란 대구·경북TK에서도 찬성이 69%인 데 비해 반대는 20%에 불과했다. 이는 야당의 책임성 측면에서 탄핵의 성공 여부는 여론의 지지와 직결된다는 점을 실증적으로 보여주고 있다고 할 수 있다.

하지만 노무현 대통령 탄핵 당시 한나라당과 민주당은 이 같은 여론의 흐름을 간과한 채 오로지 대통령의 낮은 지지도와 총선이란 눈앞의 정치 스케줄에만 주목하면서 탄핵을 거침없이 밀어붙였다. 자기 눈의 들보는 보지 못한 채 상대방 눈의 티끌만 빼내려 한 셈이었다. 이처럼 탄핵을 추진하는 주체 세력이 국민들로부터 신뢰와 정당성을 확

한국 정치, 야당의 길을 묻다

보하지 못한 상황에서는 탄핵의 동력을 지속적으로 확보하기가 결코 쉽지 않았다. 그럼에도 두 야당은 대통령의 잇단 실정과 낮은 인기도에만 집착해 탄핵이란 유혹을 뿌리치지 못했고, 더 나아가 이런 대통령을 견제하기 위해서는 탄핵까지도 추진하는 게 야당이 마땅히 맡아야 할 책임과 역할이라고 착각하면서 결국 현실과 괴리된 결정을 내리게 됐다.

두 야당의 전략적 판단 착오에 따른 국민적 공감대 형성 미흡도 탄핵이 실패로 귀결된 또 다른 요인으로 꼽힌다. 야당이 내세운 주된 탄핵 사유는 국법질서 문란, 권력형 부정부패, 국민경제와 국정 파탄 등 3가지였지만 이 중에서도 노무현 대통령이 공무원의 정치적 중립 의무를 어겼다는 선거법 위반이 유독 핵심 쟁점으로 부각됐다. 하지만 이는 중앙선거관리위원회가 이미 "선거 중립 의무를 준수할 것을 촉구한다"는 조치를 내린 사항이었다. 그런데 두 야당은 선거법 위반에 대한 노무현 대통령의 사과를 탄핵 발의의 전제조건으로 내세우면서 탄핵의 필요충분조건을 중대한 법 위반이 아닌 사과로 한정하는 전략적 실수를 범했다. 이는 탄핵을 밀어붙이기로 미리 결론을 정해 놓은 뒤 이를 최대한 서둘러 처리하려는 조급한 마음에서 비롯된 것으로, 이로 인해 두 야당은 객관적 판단이 결여된 상태에서 국민적 공감대를 확보할 수 있는 시간적·상황적 조건을 충분히 다지지 못한 채 무리하게 탄핵을 추진할 수밖에 없었다.

탄핵은 그 자체가 정치적 결정이란 점에서 정치적으로 중요한 의미를 갖는다. 탄핵은 의회와 정부의 엄밀한 기능 분리 속에서 행정부의 권한을 견제할 수 있는 의회의 가장 강력한 수단 중 하나다. 내각책임제와 달리 대통령제에서 임기 중에 대통령을 물러나게 할 수 있는 길은 사망이나 쿠데타 등 비합법적인 방법을 제외하곤 오직 탄핵만이 합법적 절차에 따른 유일한 방법이다. 그런 점에서 탄핵은 대통령제의 경직성에 대한 일종의 돌파구가 될 수 있다. 탄핵은 의회제의 불신임과도 유사하지만 그보다 훨씬 극단적인 조치로서, 강력한 권한을 가진 대통령을 합법적으로 축출할 수 있는 제도를 의회가 실제로 집행한다는 점에서 또 다른 의미를 갖는다.

야당은 탄핵을 통해 대통령을 파면시킨 뒤 다음 선거에서 정권을 획득하는 것을 목표로 삼을 수 있다. 혹여 대통령 파면까지 이르지 못하더라도 대통령의 권력 행사에 제동을 걸면서 총선 등 다른 선거에서의 승리를 기대할 수 있다. 탄핵이란 과정을 통해 대통령과 집권여당의 실정을 부각시킴으로써 반사이익을 노릴 수도 있다. 탄핵은 또한 입법부가 행정부를 견제하는 수단으로서 정파적으로 추진된다는 점에서 권력게임의 양상을 보이기도 한다. 이 같은 측면에서 볼 때 탄핵을 추진하는 야당 입장에서는 유리한 점촉진 요인과 불리한 점억제 요인을 사전에 꼼꼼히 따져 보는 게 필수다.

하지만 한나라당과 민주당은 촉진 요인을 과대평가한 나머지 억제 요인에 대한 충분한 고려와 검증 없이 노무현 대통령 탄핵을 밀어붙이는 바람에 결과적으로 실패하게 됐다고 볼 수 있다. 탄핵 사유가 국민적 공감대를 확보할 수 있을 만큼 타당성을 담보하고 있느냐, 탄핵 추진 과정에서 여론의 지지를 확보해 나갔느냐, 탄핵 추진 주체에 대한 국민적 신뢰는 충분히 쌓여 있느냐 등 탄핵 통과를 결정짓는 핵심 변수들이 두 야당에게 촉진 요인으로 작용할지 아니면 억제 요인으로

한국 정치, 야당의 길을 묻다

작용할지에 대한 객관적이고 냉정한 판단이 결여된 상황이다 보니 당초 계산과 달리 실패로 귀결될 수밖에 없었던 것이다. 이는 야당의 책임성이란 측면에서 볼 때 탄핵을 비롯해 견제와 제재라는 저항의 수단이 야당의 권리로서 무조건적으로 보장되는 게 아니라 말 그대로 막중한 책임을 동반한다는 사실을 보여준다는 점에서 시사하는 바가 작지 않다. 이 같은 기준과 변수는 또한 2016년 박근혜 대통령 탄핵때의 상황에도 적용될 수 있다는 점에서 향후 야당이 또 다른 탄핵을 추진하는 데 있어 좋은 참고자료가 될 수 있을 것이다.

3. 탄핵 후폭풍과 17대 총선

한나라당과 민주당은 당초 예상과 달리 탄핵안 가결에 대한 반발 여론이 거세게 일자 당혹감을 감추지 못했다. 총선 전 여론조사에서도 전 지역에서 열린우리당에 크게 뒤지는 것으로 나타나면서 한나라당 내에서는 이러다가 개헌 저지선인 100석 확보도 어렵지 않겠느냐는 우려가 적잖게 제기됐다. 예상을 뛰어넘는 탄핵 역풍에 두 야당은 탄핵을 주도한 지도부 교체에 나서는 등 공멸을 피하기 위한 비상 대응에 나설 수밖에 없었다.

한나라당의 경우 최병렬 당 대표가 탄핵 역풍에 책임을 지고 사퇴한 뒤 새 대표를 선출해 총선에 임하기로 했다. 이를 통해 전열을 빠르게 재정비하고 정국의 흐름을 탄핵 국면을 총선 국면으로 전환하고자 했다. 새 대표를 뽑는 전당대회에는 권오을·김문수·박근혜·박진·

홍사덕가나다순 등 5명의 후보가 출마했다. 총선을 20여 일 앞둔 2004년 3월 23일 열린 당 대표 선거에서 박근혜 후보는 1차 투표에서 과반인 51.8%의 득표를 얻어 새 대표로 선출됐다. 박근혜 후보는 당초 홍사덕 후보와 치열한 접전을 펼칠 것으로 전망됐지만 28.8% 득표에 그친 홍사덕 후보를 23%포인트 차로 여유 있게 제치고 1위를 차지했다. 이에 대해 당 주변에서는 대의원들의 위기의식이 그만큼 절박했기 때문이란 분석이 나왔다.

　한나라당을 새롭게 이끌게 된 박근혜 대표는 취임 일성으로 부패정당, 기득권정당에서 벗어나 새롭게 출발할 것이라며 이를 위해 안정세력이 급진적인 모험 세력을 견제할 수 있게 해달라고 호소했다. 취임 후 첫 번째 대국민 메시지로 '견제'라는 화두를 던짐으로써 야당의 책임성을 강조하는 동시에 '안정 세력' 대 '급진 모험 세력'이란 구도로 총선에 임할 것임을 분명히 하면서 안정을 희구하는 보수 성향 유권자들의 결집을 꾀하고 나선 것이었다. 이어 다음 날에는 한나라당 당사를 떠나 여의도 공터에 천막을 세운 뒤 이를 당사로 사용하겠다고 선언했다. 차떼기 정당부터 탄핵 주도 정당으로 이어진 당의 부정적 이미지를 벗기 위한 상징적 조치였다. 풍찬노숙을 통해 기득권 정당이란 비난을 벗고 속죄의 모습을 보이고자 했던 이른바 '천막당사' 정치는 곧바로 효력을 발휘했고 한나라당 지지세도 빠르게 회복돼 갔다.

　반면 민주당은 지도 체제를 둘러싼 내분에 휩싸이면서 한나라당과 달리 반등의 계기를 놓치고 말았다. 민주당은 2004년 3월 22일 중앙위원회를 열고 추미애 선대위원장을 중심으로 총선 선거대책위원회를 발족하기로 했다. 대신 탄핵을 주도했던 조순형 당 대표는 지역구

선거에 전념하도록 하면서 자연스레 2선으로 후퇴하는 모양새를 취했다. 하지만 추미애 위원장이 당 지도부 전원 사퇴와 총선 후보 공천권 보장을 요구하면서 갈등이 재연되기 시작했다.

추미애 위원장의 요구에 반발한 민주당 중진 의원들은 중앙위원회를 열고 조순형 대표를 중심으로 선대위를 다시 구성하기로 결정했다. 조순형 대표도 자신이 퇴진하면 탄핵을 추진한 게 잘못임을 자인하는 셈이 되는 만큼 물러설 수 없다며 당 대표 사퇴 요구를 거부했다. 그러자 당내 소장파들을 중심으로 총선 후보 공천 반납 서명운동을 전개하기로 하면서 갈등이 증폭되는 양상을 보였다. 그 과정에서 당 지지율이 더욱 하락하자 민주당 공천을 받은 후보 221명 중 39명이 공천을 반납하고 출마를 중도 포기하는 사태까지 발생했다. 결국 양측은 공멸을 피하기 위해 박상천 의원 등 중진 의원 4명의 공천을 취소한 선대위 결정을 무효화하는 선에서 갈등을 봉합하기로 했지만 이미 반등의 기회는 사라진 뒤였다.

그런 가운데 열린우리당은 탄핵안 가결 이후 정국을 '쿠데타 세력 대 안정·개혁 세력의 대결'로 규정한 뒤 야당을 체제 전복세력이라고 비난하며 안정적인 개혁을 위해 열린우리당을 지지해 달라는 전략으로 총선에 임했다. 이는 다분히 열린우리당을 급진 모험 세력으로, 한나라당을 안정 세력으로 규정한 박근혜 대표를 의식한 것으로 집권 여당의 안정감을 부각시키는 동시에 한나라당이 선점하고자 했던 '안정=보수' 프레임에 맞불을 놓으려는 전략으로 분석됐다. 이로써 서로가 자신을 안정 세력이라고 주장하는 가운데 유권자의 표심이 누구의 손을 들어줄지가 17대 총선의 막판 쟁점으로 떠올랐다.

열린우리당은 여론조사 결과 국민의 80%가량이 '탄핵은 잘못된 것'이라고 판단하고 있는 것으로 나타난 데다 당 지지율 또한 1위를 고수하고 있다는 점에서 총선에서 과반 의석을 얻을 수 있을 것으로 기대했다. 하지만 총선을 코앞에 두고 정동영 의장의 노인 폄하 발언 논란이 불거지면서 선거판이 또다시 크게 출렁였다. 정동영 의장은 3월 26일 대구에서 청년 유권자들과 인터뷰하는 자리에서 "미래는 20대와 30대들의 무대다. 그런 의미에서 한 걸음만 더 나아가 생각해 보면 60대 이상 70대는 투표하지 않아도 괜찮다. 어쩌면 그분들은 이제 무대에서 퇴장하실 분들이니까 집에서 쉬셔도 되고"라고 말해 논란을 불러 일으켰다. 이로 인해 이른바 '노풍老風'이 거세게 불면서 막판 선거 구도가 요동치는 모습을 보이자 정동영 의장은 선거를 사흘 앞둔 2004년 4월 12일 선대위원장과 비례대표 후보를 모두 사퇴하며 더 이상 논란이 확산되는 걸 막고자 했다.

4월 15일 실시된 17대 총선은 이처럼 유례없는 탄핵 후폭풍 속에서 치러진 데다 그 결과가 헌법재판소의 대통령 탄핵소추안 심리에도 적잖은 영향을 미칠 것으로 전망되면서 그 어느 때보다 큰 관심을 모았다. 이로 인해 전국 투표율도 2000년 16대 총선보다 3.4%포인트 높은 60.6%를 기록하며 1985년 12대 총선 이후 지속적으로 하락하던 투표율이 19년 만에 반등하는 결과를 낳았다. 개표 결과 열린우리당이 152석을 차지해 원내 과반 의석을 점유하며 제1당에 올라섰다. 한나라당도 탄핵 후폭풍에 대한 우려와 달리 121석을 얻으며 나름 선방했다는 평가를 받았다. 반면 민주당은 9석에 그쳐 민주노동당10석에 제3당 지위마저 내주는 신세가 됐다.

열린우리당이 총선에서 승리하자 노무현 대통령도 총선 닷새 뒤인 4월 20일 열린우리당 지도부를 청와대로 초청해 만찬을 함께하는 자리에서 열린우리당 입당 원서를 썼다. 이로써 대통령이 속한 여당이 원내 과반 의석을 차지하는 다수당이 되면서 16년 만에 여대야소 구도가 형성됐다. 열린우리당의 이 같은 약진은 임기가 한 달밖에 남지 않은 국회가 임기 4년을 남긴 대통령을 탄핵한 데 대한 국민적 반발과, 의회 구성원의 대폭 물갈이와 세대교체를 통해 새로운 정치를 갈망하는 여론이 투영된 결과로 받아들여졌다.

이처럼 총선 전 47석에 불과했던 열린우리당이 막판 노인 폄하 발언 논란과 그에 따른 보수층 결집 움직임에도 불구하고 100석 이상 의석을 늘리며 일약 제1당을 차지하게 된 것은 무엇보다 탄핵에 대한 국민적 심판이 엄중했기 때문이라는 게 중론이다. 실제로 한겨레 여론조사 결과 총선 지지 후보를 결정하는 데 가장 큰 영향을 준 사건에 대해 응답자의 50.5%가 탄핵안 통과를 꼽았다. 반면 노무현 대통령 측근 비리3.9%나 한나라당 차떼기7.0%, 정동영 열린우리당 의장의 노인 폄하 발언5.9% 등은 10% 미만에 불과했다. 이는 뒤집어 보면 탄핵을 추진했던 기득권 보수 야당에 대한 외면이기도 했다. 그런 점에서 한나라당이 당초 우려와 달리 개헌 저지선인 100석을 훌쩍 넘어 121석을 차지할 수 있었던 것은 탄핵 이후 민심이 요동치는 가운데서도 최대한 신속하고 기민하게 대응 전략을 세우고 이를 매우 효과적으로 활용했기 때문이라고 볼 수 있다. 한나라당은 위기 상황에 직면해 박정희 전 대통령의 딸인 박근혜를 새로운 당대표로 내세움으로써 보수와 영남이란 한나라당의 전통적인 양대 지지 기반을 동시에 사수할 수 있었다.

실제로 한나라당은 최대 승부처라 할 수 있는 수도권에서는 부진한 성적을 거뒀지만 텃밭인 영남에서는 예상을 뛰어넘는 압도적 승리를 거뒀다. 243개 지역구의 45%인 109개 지역구가 몰려 있는 수도권의 경우 한나라당은 열린우리당76명의 절반에도 못 미치는 33명의 당선 자를 냈다. 반면 영남에서는 한나라당이 68개 지역구 중 60곳에서 승리했다. 이는 박근혜 대표가 열린우리당을 진보·모험 세력으로 규정 하며 총선을 이념 대결 구도로 끌고 가고자 했던 전략이 주효했기 때 문이라고 볼 수 있다. 이에 더해 견제라는 야당 본연의 의무와 책임성 을 강조함으로써 중도 성향 유권자들의 여당 견제 심리를 자극한 것 도 소기의 성과를 거둘 수 있었던 또 다른 요인으로 꼽힌다. 당대표로 선출된 직후 천막당사라는 상징적 조치를 취하며 무너진 국민적 신뢰 를 회복할 수 있는 발판을 마련했다는 점도 간과할 수 없는 요소다. 이 는 위기에 처했을 때 가장 효과적인 대국민 메시지를 통해 탁월한 대 처 능력을 발휘했다는 점에서 오랜 기간 집권당으로 활동하며 쌓아 온 한나라당의 저력을 결코 무시할 수 없음을 보여줬다.

박근혜 대표는 이때의 성과와 교훈을 바탕으로 이후 4대 개혁입법 등 노무현 정부가 추진하는 주요 국정 이슈에 이념 대결 구도로 맞대응 함으로써 소기의 성과를 거둘 수 있었다. 현안이 생길 때마다 가장 민 감한 주제인 북한과 안보 문제로 논점을 이동시키면서 야당으로서의 투쟁력을 극대화하려 한 게 대표적이다. 이는 견제와 제재라는 야당의 책임성 측면에서 볼 때 매우 효과적인 수단이기도 했다. 하지만 한편으 로는 정책적 대안이란 또 다른 야당의 책임성을 방기한 채 오로지 이념 적 구호에만 기대어 승부하려 했다는 점에서 한계를 노출하고 있었다.

한국 정치, 야당의 길을 묻다

또한 이 같은 한나라당의 흐름은 탄핵 이후 공천권 등 당권 장악을 둘러싸고 극심한 내분을 겪으며 흐트러진 민심 수습에 실패한 민주당의 사례와도 대비된다. 실제로 민주당은 당 대표와 선대위원장이 모두 낙선한 데다 전통적 지지 기반인 호남에서도 참패를 면치 못하면서 16대 국회 개원 당시 119석이던 의석이 2003년 분당을 거치며 61석으로 줄어든 데 이어 17대 총선에선 새로 도입된 정당투표제에서도 민주노동당에 뒤지며 9석의 군소정당으로 전락하고 말았다.

2장
노무현 정부 2기

1. 4대 개혁입법 강행과 저지

새롭게 바뀐 17대 국회 구성

개혁의 제도화라는 관점에서 본다면 노무현 정부의 개혁은 이른바 4대 개혁입법의 좌절과 함께 일찌감치 그 동력을 잃었다고 할 수 있다. 4대 개혁입법 시도 과정에서 당내 계파 갈등이 심화된 데다 한나라당과 보수 언론의 집요한 색깔론에 담론의 주도권을 내줌으로써 여론의 지지를 유지하는 데 실패하고 말았다. 또한 이로 인해 개혁은 힘을 잃게 됐고 대통령과 집권 여당의 반목은 갈수록 깊어지면서 결국 2017년 대선 패배로까지 이어지게 됐다.

17대 총선 결과는 단순히 12대 국회 이후 16년 만의 여대야소라는 의미에 그치지 않았다. 대통령 탄핵이란 전대미문의 정치적 사건과 그에 따른 후폭풍 속에서 선거가 치러지면서 국회의원의 인적 구성이나 이념적 분포 등에 있어서도 이전과는 판이하게 다른 양상을 띠게 됐다. 여기에 열린우리당이 전체 299석 중 과반 의석인 152석을 차지하며 새로운 정치를 갈망하는 국민적 여론이 확인되면서 정치개혁을 위한 환경적 조건도 갖춰졌다는 평가를 받았다. 무엇보다 17대 국회의원의 63%가 초선이었다. 16대 의원 중 3분의 2가량이 당선에 실패했다는 의미다. 국회의장도 6선인 김원기 의원이 맡게 됐는데, 6선이 최다선인 국회는 12대 이후 처음이었다. 그만큼 기존의 정치 관행이나 정쟁의 양상이 새롭게 바뀔 수 있는 인적 토양이 마련된 셈이었다. 열린우리당의 경우 초선 의원이 72%에 달했다. 17대 국회의원의 평균 연령은 51세로 16대 국회보다 3세가량 낮아졌다. 연령별로도 30~40대가 42%로 가장 많았다.

이념적으로도 과거의 국회와는 확연히 달라진 모습을 보였다. 한국정치학회와 중앙일보가 공동으로 17대 국회의원 이념 성향을 조사한 결과 진보 성향 의원은 16대 국회 19.5%에서 44.5%로 대폭 늘어났다. 반면 보수 성향 의원은 18.6%에서 20.1%로 소폭 증가한 데 그쳤고 중도 성향 의원은 61.9%에서 35.4%로 26.5%포인트나 급감했다. 국회의원의 평균적 이념 성향도 전체 국민보다 더 진보적인 것으로 나타났다. 조사 결과 0~10점 척도에서 17대 국회의원 평균은 4.4, 국민 평균은 4.7로 집계됐다. 값이 작을수록 진보 성향이란 뜻이다. 게다가 정책을 둘러싼 의원들의 투표 행태도 이전 국회보다 훨씬 자유로워졌다. 2005년 1월 중앙일보가 17대 국회 첫 해인 2004년 쟁점 법안 14개에 대한 국회 본회의 투표 행태를 분석한 결과 의원 163명이 한 번 이상 당론과 다르게 투표한 적이 있는 것으로 집계됐다. 한나라당에서도 의원의 79%가 당론 이탈 투표를 한 경험이 있었다. 2003년 16대 국회의 경우 전체 안건의 95%가 만장일치로 처리됐을 정도로 당론 이탈은 극히 예외적인 현상이었음을 감안할 때 불과 1년 사이에 의원들의 투표 자율성이 크게 높아진 셈이었다.

이처럼 연령별로나 이념적으로 이전의 그 어떤 국회보다 개혁적인 정책을 입법화할 수 있는 조건이 갖춰진 상태에서 열린우리당의 4대 개혁입법은 추진됐다. 하지만 주어진 환경의 유리함에도 불구하고 열린우리당 내부 동력의 미비와 전략적 미숙, 야당인 한나라당의 강한 저항 등으로 인해 개혁입법 드라이브는 본격적으로 추진되지도 못한 채 좌초하고 말았다.

이념적 대결 프레임으로 맞선 한나라당

4대 개혁입법이란 국가보안법국보법, 사립학교법사학법, 과거사진상규명법과거사법, 언론관계법언론법 등 4개 법안의 폐지 또는 개정을 통칭한다. 국보법의 경우 오랜 기간 인권 침해와 위헌 소지 등으로 국내외적으로 폐지 논란이 일었던 국보법을 폐지하고 이를 보완하는 차원에서 형법에 내란목적단체 조항을 신설하는 방안이 우선 거론됐다. 일각에선 기존 법은 그대로 두되 찬양고무죄, 불고지죄 등 독소 조항을 삭제하는 국보법 개정안이 제시되기도 했다. 사학법은 교사와 학부모로 구성된 학교운영위원회가 이사 정수의 3분의 1 이상을 추천해 개방형 이사제를 도입하고 친족 이사의 비율을 4분의 1로 제한하는 게 핵심이었다. 또 과거사법은 진실과화해위원회를 설립해 1945년부터 권위주의 통치 시기까지 민간인 집단 희생 사건과 국가 공권력의 인권 침해 사례 등의 진실을 규명하는 것이 주요 내용이었다. 언론법은 신문사의 시장 점유율이 1개 신문사는 30%, 3개 신문사는 60%를 넘어설 경우 시장 지배적 사업자로 규정해 공정거래위원회 규제를 받도록 하는 방안을 담고 있었다.

총선에서 승리한 열린우리당은 곧바로 정치·경제·사회 각 분야의 개혁 작업에 착수하고자 했다. 하지만 의원들 출신과 성향이 제각각이다 보니 당내 의견이 하나로 모아지는 데 어려움이 적잖았다. 당장 의원들 사이에서 개혁 대 실용 논쟁이 가시화됐다. 개혁파는 정치·사회 분야의 개혁에 우선 착수해야 한다고 주장한 반면 실용파는 민생경제를 먼저 챙겨야 한다는 입장이었다. 심지어 친노무현계로 분류되는 의원들 사이에서도 개혁 우선순위와 속도에 있어서 다양한 의견이 쏟아져 나왔다. 그런 가운데서도 노무현 대통령 직계 의원들과 시민단체 출신 의원들의 목소리가 힘을 얻으면서 개혁파가 당내 주도권을 잡아가기 시작했다.

이런 상황 속에서 개혁파 의원들은 국민이 여대야소 국회를 만들어 준 만큼 지금이야말로 개혁 드라이브를 강하게 걸어야 할 때라며 국회에서의 개혁입법 관철을 당면 과제로 설정했다. 노무현 대통령도 2004년 9월 5일 방송 대담 프로그램에 출연해 "국보법은 부끄러운 역사의 일부분이고 지금은 쓸 수도 없는 독재 시대의 낡은 유물"이라며 "낡은 유물은 폐기하고 칼집에 넣어 박물관으로 보내는 것이 좋지 않겠느냐. 국보법을 없애야 대한민국이 문명국가로 간다고 할 수 있다"고 강조하며 개혁입법 추진에 힘을 실었다. 이에 고무된 열린우리당은 2004년 10월 20일 4대 개혁법안을 국회에 제출했다. 17대 국회

가 개원한 6월 5일 이후 4개월여 만이었다. 천정배 열린우리당 원내
대표도 10월 26일 국회 교섭단체 대표 연설에서 "개혁이야말로 성장
과 도약을 위해 반드시 필요한 것으로, 개혁입법은 우리 사회의 후진
적인 기득권 질서와 불공정한 관행을 타파하려는 것"이라며 개혁입
법 추진의 당위성을 강조했다.

한나라당은 즉각 반발했다. 바로 다음 날인 10월 27일 박근혜 한나
라당 대표는 국회 교섭단체 대표 연설에서 "자유민주주의와 시장경
제를 부정하는 듯한 모든 정책과 법안은 즉각 중단돼야 한다"며 "4대
법안은 국민을 편 가르기하고 국론 분열을 조장하는 것"이라고 비난
했다. 박근혜 대표는 이어 "현 정권이 4대 입법과 같은 좌파적 노선을
철회하지 않는 한 경제 회복은 불가능할 것"이라며 4대 개혁법안을
좌파 정책으로 규정하고 즉각 철회를 요구했다. 박근혜 대표는 특히
국보법과 관련해 "국보법이 폐지되면 거리에 인공기가 날려도 막을
수 없고 북한의 돈을 받고 친북활동을 해도 죄가 되지 않기 때문에 국
보법 폐지 반대의 선봉에 서지 않을 수 없다"며 "이 정권이 국보법 폐
지를 강행한다면 한나라당은 대한민국을 지키기 위해 투쟁할 것"이
라고 경고했다. 국보법을 대한민국의 정체성과 동일시하는 초강수까
지 두면서 결사 저지를 천명하고 나선 것이었다. 김덕룡 한나라당 원
내대표도 "4대 개혁법안이 아니라 4대 국론 분열법안"이라며 "이는
비판 세력 죽이기와 친노 세력 키우기를 위한 정략일 뿐"이라고 주장
했고, 이한구 정책위의장도 "주류 세력을 바꾸려는 의도 속에서 체제
위기를 초래하는 사회주의적 정책"이라고 가세했다.

한나라당과 박근혜 대표의 이 같은 강한 반발은 4대 개혁입법이야

한국 정치, 야당의 길을 묻다

말로 향후 정국 주도권은 물론, 더 나아가 차기 대선의 향배까지 좌우할 수 있는 중차대한 이슈라는 판단에 따른 것이었다. 특히 한나라당 지지 기반의 핵심이라 할 수 있는 반공 이데올로기를 뿌리에서부터 위협하는 국보법 폐지는 무슨 수를 써서라도 막아야 할 최대 과제였다. 이 같은 상황 인식하에서 한나라당이 꺼내든 것은 대한민국 건국 이후 보수 세력이 전가의 보도처럼 애용해 왔던 '안보와 성장 지상주의 프레임'이었다. 이는 당시 사태의 위중함과 심각성에 비춰볼 때 당연한 선택이기도 했다. 즉 한국전쟁 이후 한국 현대사에 뿌리 깊이 박힌 반공주의와 북한에 대한 국민의 막연한 증오와 불안감을 최대한 활용해 여론전에서의 우위를 확보하는 동시에 명분 싸움에서도 쉽사리 밀리지 않는 논리로 무장해 맞서는 전략을 취했다.

이 같은 전략은 국보법 이외의 다른 개혁법안에 대해서도 일관되게 적용됐다. 사학법에 대해서도 박근혜 대표는 "사학 투명성이 목표가 아니라 아이들에게 반미·친북 이념을 주입시키자는 것"이라고 주장했다. 이규택 한나라당 의원은 12월 16일 사학법이 국회 본회의를 통과한 뒤 서울시청 앞 광장에서 열린 '사학법 원천 무효 및 우리 아이 지키기 운동 범국민대회'에서 "사학법이 통과되던 날 김정일 위원장은 기쁨조와 함께 폭탄주를 마시고 광란의 춤을 췄다"며 확인되지 않은 주장을 공공장소에서 공공연히 퍼트렸다. 박근혜 대표가 4대 개혁입법에 대한 반대 논리를 전개하는 데 있어서 '자유민주주의와 시장경제를 부정하는 정책'이란 표현을 빈번하게 사용한 것도 반공 이데올로기와 직접적으로 연결돼 있는 성장 지상주의에 기대어 여론의 우위와 반대의 명분을 확보하기 위한 계산된 행보였다.

한나라당의 대응 전략과 야당의 책임성

한나라당의 일관되면서도 반복적인 안보·성장 메시지는 예상을 뛰어넘는 위력을 발휘했다. 실제로 4대 개혁법안 중 그 어느 것에도 대한민국의 자유민주주의와 시장경제를 부정하는 구체적 언급은 담겨 있지 않았다. 국보법이 폐지된다고 해서 거리에 인공기가 휘날릴 거라고 믿을 국민도 많지 않았다. 오히려 국보법을 대한민국의 정체성과 동일시하는 건 시대착오적 발상이란 비판과 역풍에 직면할 우려도 만만찮았다. 그럼에도 한나라당이 반공과 시장경제 카드를 줄기차게 꺼내든 것은 다른 카드로 대응하기엔 당시의 정치 지형과 정국 상황이 여의치 않았기 때문이기도 하지만, 그와는 별개로 과거 한국정치사에서 예외 없이 증명된 것처럼 안보와 성장이란 카드의 효용성과 파괴력에 대한 확실한 믿음이 자리 잡고 있었기 때문이기도 했다. "북한과 연계돼 있고 북한을 이롭게 하는 것"이란 의혹만 제기돼도 진실이야 어떻든 간에 친북 딱지가 붙으면서 옴짝달싹하지 못하게 되는 게 대한민국의 부인할 수 없는 현실임을 감안할 때 한나라당의 이같은 대응 전략은 어찌 보면 당연한 논리적 귀결이었다.

이처럼 한나라당이 열린우리당의 4대 개혁입법 추진을 강력하게 저지하고 나선 것은 여당을 견제하고 이에 저항하려 했다는 점에서 야당의 책임성과 연관 지어 살펴볼 필요가 있다. 과정이야 어떻든 결과적으로 여당의 입법을 저지했다는 점에서 야당의 책임성을 성공적으로 수행했다고 볼 수도 있다. 하지만 정책적 대안을 내고 정치권 내에서 정당한 논리적 경쟁을 펼치면서 야당의 책임성을 다하려 하기보다는 4대 개혁입법의 실체와는 전혀 관계가 없는 이념적 대결 구도를

52

조성해 승리를 쟁취하려 했다는 점에서 정치 발전에는 오히려 역행하는 모습을 보였다는 비판으로부터 자유로울 순 없었다.

여기에는 열린우리당의 지리멸렬과 적전敵前 분열도 한몫했다. 당내 개혁파와 실용파의 노선 갈등은 4대 개혁입법을 둘러싸고도 강경론과 신중론의 대립으로 이어졌고, 이는 열린우리당이 일치된 대오를 형성하는 데 적잖은 걸림돌로 작용했다. 한나라당의 친북 프레임이 먹혀 들어가면서 4대 개혁입법, 특히 국보법 폐지에 대한 부정적 여론도 점점 커지기 시작했다. 이처럼 당내 의견 대립과 한나라당의 강한 반발, 여론 기류의 변화 등이 더해지자 열린우리당 지도부도 한발 후퇴하지 않을 수 없었다. 마침내 2004년 11월 25일 천정배 열린우리당 원내대표는 "다수당으로서 양보하면서 하겠다. 야당과 국민 여론을 존중하겠다"며 연내 처리 포기 가능성을 처음 시사했다. 하지만 열린우리당 강경파 의원 30여 명이 4대 개혁법안의 연내 처리를 촉구하며 국회 농성에 돌입하면서 상황은 다시 급변했다. 그런 가운데 여야는 물밑협상을 지속해 최대 쟁점이었던 국보법을 폐지하고 대체입법을 마련하는 데 잠정 합의했다. 하지만 이마저도 열린우리당 의원총회에서 거부되면서 정국은 다시 정면 대치 국면으로 빠져들었다. 열린우리당 지도부도 연내 표결 강행 처리로 다시 선회하며 한나라당을 압박했다.

한나라당은 안보와 경제 문제를 일관되게 들고 나왔다. 박근혜 대표도 11월 28일 '4대 국민분열법 바로 알기 범네티즌 운동' 선포식에서 "4대 국민분열법이 통과되면 안보는 불안해지고 교육 현장은 몸살을 앓고 언론에는 재갈이 물리게 되면서 대한민국에 재앙이 올 것"

이라며 "국민소득 1만 달러의 문턱에서 추락해 만성적인 경제 불안과 실업에 떠는 3류 국가로 전락하게 될 것"이라고 주장했다. 한나라당은 임시국회 마지막 날인 12월 31일에는 국회 본회의장을 전격 점거하고 농성에 들어가며 야당으로서의 투쟁 수위를 최대치로 높였다. 강 대 강의 극한 대결로 치닫던 정국은 김원기 국회의장의 막판 중재안을 여야가 극적으로 수용함으로써 파국은 겨우 면했다. 이 합의로 새해 예산안과 신문법은 연내 통과시키고 방송법과 과거사법은 2월 임시국회로 넘기게 됐다. 하지만 신문법 개정안도 1인 사주의 소유 지분 제한 등 핵심 사항이 빠지는 등 결과적으로 한나라당이 완승을 거뒀다는 평가가 지배적이었다. 반면 열린우리당은 천정배 원내대표가 2005년 1월 1일 4대 개혁입법이 해를 넘기게 된 데 책임을 지고 자진 사퇴한 데다 4월 전당대회를 앞두고 당권 경쟁이 본격화하면서 4대 개혁입법에 대한 동력을 급속히 상실해 갔다.

열린우리당이 야심차게 추진한 4대 개혁입법이 결국 좌초할 수밖에 없었던 요인에 대해서는 여러 측면에서 분석이 이뤄지고 있다. 그 중에서도 지지 세력을 확보하지 못한 것을 실패의 주된 요인 중 하나로 꼽을 수 있다. 열린우리당은 4대 개혁입법을 추진하는 과정에서 이들 법안을 지지해줄 뚜렷한 세력을 갖지 못했다. 반면 한나라당은 각 법안별로 분명하고도 강력한 지지 세력을 갖고 있었다. 국보법의 경우 군과 공안당국은 물론 전쟁을 직간접적으로 경험한 고령층의 심정적 지지를 받고 있었다. 사학법은 사학 소유주 외에도 종교사학 문제가 불거지면서 대형 종교재단이 적극적으로 한나라당을 옹호했다. 과거사법은 일제 강점기부터 기득권을 누리어 온 세력이 한나라당의

입장을 적극 뒷받침했다. 언론법은 노무현 정부와 대척점에 서 있던 보수 언론이 직접 당사자였다.[1]

이처럼 4대 개혁입법 모두 한국 사회의 강고한 권력층을 대상으로 하고 있다는 점에서, 그리고 그들의 이해관계를 직접적으로 건드리고 있다는 점에서 강한 반발은 불가피했다. 그리고 이들이 한나라당이란 야당을 앞세우며 온갖 수단을 동원한 사활을 건 투쟁에 나서면서 4대 개혁입법은 시작 단계부터 구조적으로 결코 쉽지 않은 험로를 예고하고 있었다. 이는 야당이 추진했던 노무현 대통령 탄핵이 국민적 지지와 공감대를 확보하지 못한 상태에서 추진되면서 결국 실패로 끝난 것과 맥을 같이한다는 점에서 시사하는 바가 크다. 야당의 책임성 측면 못지않게 여당의 책임성에 있어서도 국민적 공감대 확보가 선행돼야 한다는 점을 실증적으로 보여주고 있다는 점에서다.

게다가 4대 개혁입법은 당장 국민의 피부에 와닿는 이슈가 아니었다. 오히려 이 시기는 신자유주의 확산으로 인해 양극화가 심화되고 노동의 유연성이 부각되면서 사회 안전망에 대한 요구가 그 어느 때보다 강해지던 때였다. 이 같은 현실 속에서 4대 개혁입법은 국민의 일상적인 삶과는 상대적으로 거리가 있는 거대담론으로 받아들여질 공산이 컸다. 또한 이를 둘러싼 정치권의 논쟁도 민생과는 거리가 먼 그들만의 싸움으로 치부되기 쉬웠다. 이럴 경우 여론은 대부분 양비론으로 흐르기 쉬운 만큼 설령 정쟁에서 이기더라도 상처뿐인 승리로 귀결될 가능성이 컸다.

이는 결국 1년여 뒤 5·31 지방선거에서 집권 여당이 기록적인 참패를 기록하게 되는 직접적 요인으로 작용했다. 실제로 한국선거학회가 5·31 지방선거 직후 전국 유권자 1,000명을 대상으로 실시한 심층 면접조사 결과 유권자의 절반 이상57.4%이 지방선거에서 열린우리당이 참패한 가장 중요한 요인은 '서민경제를 어렵게 해서'라고 응답했다. 이어 집권당이 교만하고 무능해서14.1%, 정치 갈등을 증폭시켜서 10.8%, 지나치게 이념적으로 편향돼서5.0% 순이었다. 첫 번째와 두 번째로 많은 답변을 합할 경우 10명 중 7명 이상71.5%이 노무현 정부가 국민들의 실질적인 삶의 질 향상은 외면한 채 정쟁에만 매몰돼 있다고 평가한 것이었다.

이렇듯 탄핵 사태 이후 노무현 정부 2기의 정국 주도권을 누가 쥐느냐에 따라 노무현 정부 5년 전체의 성적표가 좌우될 수 있는 상황이었다는 점에서 4대 개혁입법의 강행과 저지는 노무현 정부의 운명을 가르는 중대 변곡점이었다. 그런 점에서 한나라당은 비록 발목잡기라는 구태를 반복했다는 비판 속에서도 지지층 규합에 성공하고 집권 여당과의 명분·이슈 선점 경쟁에서 승리했다는 점에서 결과적으로는 야당으로서 견제와 저항의 전략을 효율적으로 구사한 셈이 됐다. 이후 정치권에서는 4대 개혁입법 추진 시기를 전략적으로 조금만 더 늦췄으면 가시적 성과를 거둘 확률이 한층 높아질 수 있었을 것이란 분석도 제기됐다. 하지만 이 또한 사전에 지지 세력을 충분히 확보하려는 노력과 국민의 피부에 와닿는 설명과 설득을 통해 여론의 신뢰를 얻으려는 과정을 생략할 경우 똑같은 전철을 밟을 수밖에 없을 것이란 점에서 추진 시기의 문제 이전에 국민적 공감대 확보가 보다 중요한 선행과제였다고 볼 수 있을 것이다.

2. 한나라당의 재·보선 압승과 대연정 공방

선거 결과로 확인된 야당의 존재감

노무현 정부를 시기적으로 나눠 볼 때 4대 개혁입법의 좌절은 정국의 중요한 분기점으로 작용했다. 무엇보다 이후 노무현 정부와 열린우리당의 개혁 동력이 현저히 떨어지는 게 확연히 드러났다. 더욱이 4대 개혁입법을 추진하는 과정에서 열린우리당의 전략 부재와 한계가 그대로 노출된 데다 탄핵 후폭풍에도 불구하고 한나라당의 건재함이 확인됐다는 점은 노무현 대통령과 열린우리당의 고민을 더욱 깊게 했다. 그런 가운데 재·보궐선거가 끊임없이 이어지면서 열린우리당은 더욱 코너에 몰리게 됐고, 한나라당은 잇따라 승리를 거두며 총선 1년 만에 국회 의석 구조가 여대야소에서 다시 여소야대로 바뀌는 성과를 거두게 됐다. 재·보궐선거는 탄핵을 추진한 또 다른 축인 민주당에게도 극적인 소생의 계기를 제공하면서 정국은 한층 복잡한 구도로 전개되기 시작했다.

2004년 6월 5일 4개 광역단체와 19개 기초단체에서 실시된 자치단체장 재·보궐선거에서 열린우리당은 참패했다. 4월 총선을 치른 지 두 달도 채 지나지 않은 시점에 실시된 6월 재·보궐선거에서 한나라당은 부산과 경남·제주 등 3개 시·도지사 선거에서 승리했다. 민주당도 전남지사 선거에서 승전보를 울리며 탄핵 후폭풍에 따른 총선 참패의 충격에서 어느 정도 벗어날 수 있게 됐다. 반면 열린우리당은 단한 곳에서도 당선자를 내지 못했다. 기초단체장 선거에서도 열린우리당은 대전과 충남 등 충청 지역 3곳에서만 당선자를 냈을 뿐이었다.

이 같은 선거 결과에는 총선 직후 불거진 열린우리당 내부의 노선 갈등이 큰 영향을 미쳤을 것으로 분석됐다. 4개월여 뒤인 10월 30일 기초단체장 5곳에서 실시된 재·보궐선거에서도 열린우리당은 강원도 철원 한 곳에서만 승리를 거두는 데 그쳤다. 반면 한나라당은 경기와 경남 등 2곳에서 승리했고 민주당도 전남 2곳을 싹쓸이하며 한층 위기에서 벗어나는 모습을 보였다.

이에 대해 열린우리당은 국회의원이 아닌 지방자치단체장 몇 곳에 대한 재·보궐선거인 만큼 큰 정치적 의미를 부여할 필요가 없다고 애써 무시하며 4대 개혁입법 등 개혁 정책을 밀어붙였다. 하지만 이듬해인 2005년 4월 30일 실시된 국회의원 6곳의 재선거와 자치단체장 7곳, 광역의원 10곳의 재·보궐선거 결과는 열린우리당에게 적잖은 충격을 가져다주기에 충분했다. 국회의원 재선거를 비롯해 정당 공천이 이뤄진 23곳 모두 패했기 때문이었다. '23 대 0'이란 스코어는 당시 민심 이반의 심각성을 상징적으로 보여주는 숫자였다. 반면 한나라당은 경기·충남·경북·경남 등 국회의원 재선거가 치러진 6곳에서 전승을 기록한 데 이어 자치단체장 5곳과 광역의원 8곳에서도 승리하며 사실상 전 지역에서 압승을 거뒀다. 민주당도 한 곳에서만 승리했지만 전남 목포라는 상징성 때문에 선거에서의 승리에 적잖은 의미를 부여할 수 있었다.

4·30 재·보궐선거의 결과는 단지 여당인 열린우리당의 패배와 야당인 한나라당의 승리에 머물지 않았다. 의석 6개의 소속 정당이 바뀌면서 17대 총선이 치러진 지 1년 만에 여대야소가 무너지고 다시 여소야대로 회귀하게 됐기 때문이었다. 17대 총선 당시 152석이던 열린

우리당은 146석으로 의석수가 줄어들면서 과반 유지에 실패한 반면 한나라당은 121석에서 125석으로 늘었다. 또한 민주노동당과 민주당, 자민련 등 야4당과 무소속 의석을 모두 합할 경우 153석으로 과반인 150석을 넘어서게 됐다. 열린우리당으로서는 지난 1년간 국회 과반수 의석을 차지하고 있었음에도 불구하고 가장 역점을 두고 추진했던 4대 개혁입법조차 처리하지 못한 상태에서 여소야대 정국에 직면하게 된 셈이었다. 이로써 열린우리당 단독으로는 국회에서 그 어느 법안도 처리할 수 없게 됐고 국회의 주도권과 무게중심은 자연스럽게 제1야당인 한나라당으로 옮겨갈 것으로 관측됐다.

열린우리당의 패배는 여러 요인이 복합적으로 작용한 결과였다. 일각에선 재·보궐선거의 낮은 투표율이 보수층과 장년층, 농촌 지역에서 강세를 보이는 한나라당에 유리하게 작용했다는 분석도 제기됐지만 역대 재·보궐선거 결과를 볼 때 조직 동원이 용이한 집권 여당이 대체적으로 유리했다는 점에서 결정적 변수로 삼기엔 충분하지 않아 보인다. 대신 열린우리당이 당내 분열 양상 속에서 현직 대통령이 속한 여당의 위치를 십분 활용하지 못하고 행정력과 지방 조직 등 유무형의 각종 수단도 효율적으로 동원하지 못한 반면, 한나라당은 4대 개혁입법에 대한 견제와 저항 과정에서 전통적인 지지 기반을 복원하고 이를 착실히 다져 왔기 때문이라는 해석이 보다 설득력을 얻었다.

대연정 제안과 한나라당의 거부

열린우리당이 재·보궐선거에서 잇따라 패하면서 국회의 지형 또한 여소야대로 바뀌게 되자 노무현 대통령은 한나라당과 대연정을 시도하는 '연정론' 카드를 꺼내 들며 위기 극복을 위한 돌파구 마련에 나섰다. 노무현 대통령은 2005년 6월 24일 여권 지도부 12인과의 비공개 모임에서 한나라당과의 연정에 대한 구상을 설명했는데 이 내용이 언론에 공개되면서 정치권에서는 이내 연정론을 둘러싼 갑론을박이 거세게 일기 시작했다. 노무현 대통령은 이어 7월 7일 언론인들과의 간담회에서 지역주의를 완화할 수 있는 선거제도를 국회가 도입하기만 한다면 자신은 권력을 내놓을 수도 있다며 연정론을 공식 제기했다. 그러면서 "연정이 부도덕하다는 여론은 바뀔 필요가 있다. 지역 구도를 해소할 수 있는 선거제도를 마련하기 위해 한나라당과 협상할 용의가 있으며 다수당이나 다수파 연합에 내각 구성권을 완전히 넘길 수도 있다"는 파격적인 제안까지 내놓으며 한나라당의 호응을 촉구했다.

한나라당이 이 같은 제안에 별다른 관심을 보이지 않자 노무현 대통령은 7월 28일 열린우리당 당원들에게 보내는 장문의 편지에서 연정의 필요성을 재차 강조했다. 노무현 대통령은 편지에서 "여소야대는 정상적인 정치 구조가 아니다. 세계 어디에도 여소야대로 국정을 운영하는 사례가 없다. 그래서 연정 얘기가 나오는 것이다. 하지만 열린우리당이 주도하는 대연정에 한나라당이 응할 리 없다. 대연정이라면 한나라당이 주도하고 열린우리당이 참여하는 것"이라며 "대연정을 통해 대통령의 권력을 한나라당에 이양할 테니 그 대신 지역구도 해소를 위해 선거제도를 고치자. 대통령은 정권을 내놓고 한나라당은 지역주의라는 기득권을 포기하자는 것이며 결코 무슨 이익을 취하자는 게 아니고 어떤 속임수도 없다"고 재차 강조했다.

한국 정치, 야당의 길을 묻다

사실 노무현 대통령이 대연정 얘기를 꺼낸 것은 언론에 알려진 것보다 훨씬 오래 전이었다. 2005년 1월 노무현 대통령은 이광재와 안희정 등 오랜 참모 몇 명을 청와대로 불렀다. 그 자리에서 노무현 대통령이 갑자기 대연정을 거론하자 참모들 모두 깜짝 놀랐다. 한국정치 현실에서 도저히 실현 불가능한 카드라고 생각했기 때문이었다. 그러자 노무현 대통령은 독일의 사회학자 울리히 벡이 쓴 『적이 사라진 민주주의』라는 책을 참모들에게 한 권씩 나눠줬다. 그러면서 "대통령 선거가 끝난 다음 날부터 이렇게 싸우고 살아야 하느냐. 내가 다수당에 권력을 좀 내주면 안 되느냐. 그래서 뭔가 합의할 건 합의하면서 정국을 풀어 나가면 안 되겠느냐"며 대연정의 불가피성을 역설했다. 모두가 강하게 반대했지만 노무현 대통령은 이후에도 기회가 있을 때마다 참모들에게 대연정 얘기를 꺼내며 뜻을 굽히지 않았다. 이처럼 한동안 내부 논의만 치열하게 전개되던 대연정론은 6월 말 언론을 통해 처음 보도되면서 드디어 수면 위로 떠오르게 됐다.

　하지만 한나라당은 노무현 대통령의 제안을 일언지하에 거부했다. 박근혜 대표는 8월 1일 기자회견에서 "대통령의 말 한마디로 나눠주는 권력은 결코 국민이 부여한 권력이 아니기 때문에 받을 의사조차 없다"며 "지역구도는 선거법 하나 고친다고 해소되는 게 아니라 여야가 정책 정당으로 거듭날 때 해소될 수 있다"고 반박했다. 한나라당 입장에서는 이미 여소야대를 이루며 국회의 주도권을 가져온 상황에서 굳이 연정론에 휘말려 또 다른 전선을 형성할 필요성을 느끼지 못했다. 더욱이 연정론에 대한 여론 또한 호의적이지 않은 데다 열린우리당 내에서조차 찬반양론이 강하게 부딪히는 상황에서 괜히 연정론에 발을 담갔다가는 노무현 대통령의 '노림수'에 걸려들기 쉽다는 현실적 판단도 작용했다.

박근혜 대표도 노무현 대통령과 열린우리당의 힘이 점점 빠져 나가는 게 확연히 드러나고 있는 상황에서 연정론에 관심을 기울이는 것은 상대방에게 정국의 선수先手만 빼앗길 뿐이라는 인식이 강했다. 게다가 차기 대선을 불과 2년여 앞두고 대권을 향해 매진해야 하는 시점에 현직 대통령과 권력을 나눠 봤자 당장의 실익이 없는 데다 2007년 대선에서 승리하더라도 대연정의 틀을 그대로 이어받아야 하는 만큼 연정론을 받아들일 그 어떤 현실적 이유도 찾기 힘들었다. 이를 야당의 책임성 측면에서 보면 제재와 저항이라는 기조를 계속 유지해 나간 것이라고 볼 수 있다. 여기에는 재·보궐선거에서의 잇단 패배로 대통령과 여당이 수세에 몰려 있는 상황에서 강경 대응 방침을 지속하는 게 효과적이라는 정치적 판단도 작용했다.

연정론에 대한 반발은 한나라당뿐 아니라 열린우리당 내부에서도 강하게 일었다. 특히 호남을 지역구로 둔 의원들의 반발이 심했는데, 이들 중 일부는 공공연히 탈당을 거론하기도 했다. 이들은 한나라당에 대해 극히 부정적인 호남 민심을 의식하지 않을 수 없었고, 오히려 민주당과의 연대 또는 합당을 추진해 2002년 대선 당시의 세력을 복원하는 게 우선이라고 주장했다. 이에 노무현 대통령은 8월 30일 열린우리당 의원들과의 만찬 자리에서 대연정의 필요성을 거듭 강조하며 동참을 호소했다. 하지만 노무현 대통령이 연정론을 주장할수록 열린우리당 내부의 반발 분위기는 더욱 확산돼 갔다. 김근태 보건복지부 장관을 비롯한 재야 출신 의원들과 소장파 의원들도 비판 대열에 가세하면서 친노 직계 의원들과 첨예하게 대립하기 시작했다.

그런 가운데 2005년 10월 26일 국회의원 4곳 재선거에서 열린우리당은 또다시 전패하는 수모를 겪었다. 반면 한나라당은 4곳 모두 승리하면서 의석수를 127석으로 늘렸다. 이후 열린우리당 내에서는 한나라당과의 연정 대신 민주당과의 통합을 먼저 추진하자는 목소리가 더욱 힘을 얻어 나갔다. 이에 대해 노무현 대통령은 "창당 초심으로 돌아가야 한다"며 탄핵을 주도한 민주당과 다시 합치는 데 대해 부정적 입장을 재확인했고, 이를 계기로 열린우리당은 현실론과 명분론의 대립 속에서 더욱 깊은 내분 상태에 빠져들게 됐다. 이처럼 여당의 적전 분열이 더해지면서 야당은 제재와 저항이란 수단을 보다 수월하게 행사할 수 있게 됐다.

3. 이해찬 총리 사퇴 파문

한나라당의 공세와 책임총리의 퇴진

17대 총선 승리에도 불구하고 열린우리당의 내부 분열과 한나라당의 거센 저항 속에서 4대 개혁입법 추진이 무산되는 등 고전을 면치 못하던 노무현 정부는 재·보궐선거에서 잇따라 참패한 데다 회심의 카드로 던졌던 대연정 카드마저 무산되면서 더욱 깊은 수렁 속으로 빠져들었다. 이후 아슬아슬하게 유지되던 정국의 균형추는 2006년 3월 이해찬 총리의 사퇴를 기점으로 야당 쪽으로 더욱 급속히 쏠리게 됐고, 이로 인해 노무현 정부도 임기 후반기로 접어들게 되면서 정국의 주도권을 야당에 내준 채 내리막길을 걷기 시작했다. 이해찬 총리 사퇴 파문이 노무현 정부 중반기에서 후반기로 넘어가는 분기점으로 작용한 셈이었다. 특히 노무현 대통령은 이해찬 총리를 '책임총리'로 임명한 뒤 최대한 힘을 실어주고 있었고 이해찬 총리도 야당의 거듭된 공세에 맞서 대통령의 보호막 역할을 충실히 수행하고 있었던 만큼 이해찬 총리의 퇴진은 노무현 대통령에게도 단순한 총리 교체 이상의 커다란 손실이 아닐 수 없었다.

이해찬 총리 사퇴 파문은 2006년 3월 1일 이해찬 총리가 내기골프를 쳤다는 의혹 제기에서 비롯됐다. 논란이 확산되자 이틀 뒤인 3월 3일 이재오 한나라당 원내대표는 이해찬 총리 사퇴를 공개적으로 요구하고 나섰다. 이재오 원내대표는 "철도 파업으로 국민이 불편을 겪고 있고 전국적으로 3·1절 기념행사가 벌어지던 시점에 총리가 상공인들과 어울려 골프를 쳤다는 것만으로도 총리는 사과하고 물러나야 한다"고 주장했다. 3월 4일에는 현장조사를 위해 부산을 방문한 뒤 "총리를 사퇴하지 않으면 그만두게 할 것"이라며 총공세에 나설 것임을 예고했다. 한나라당 내에서도 총리 해임건의안을 제출해야 한다는 강경 기류가 확산됐다.

한나라당이 이처럼 강공 전략을 취하고 나선 배경에는 평소 이해찬 총리의 잦은 골프 논란에 대한 부정적 시각이 만만찮았던 데다 3·1절 골프 회동이 내기골프와 접대골프 의혹으로 번지면서 여론이 급격히 악화되고 있다는 판단이 자리 잡고 있었다. 여기에는 당시 최연희 전 한나라당 사무총장의 성추행 파문으로 수세에 몰려 있던 상황에서 국면을 반전시킬 수 있는 호재로 활용할 수 있겠다는 정치적 계산도 깔려 있었다. 또한 국회 대정부 질문 과정에서 한나라당을 '차떼기당'이라고 몰아붙이는 등 대야 공세의 선봉에 서 왔던 이해찬 총리를 이번 기회에 사퇴시키는 게 향후 지방선거와 대선 국면에서 훨씬 유리할 것이란 현실적 판단도 작용했다.

최연희 전 사무총장의 성추행 파문 등으로 모처럼 정국의 주도권을 되찾아 오는가 싶었던 열린우리당은 예기치 않은 악재가 돌출하자 곤혹스러움을 감추지 못했다. 전여옥 한나라당 의원의 'DJ 치매' 발언에 이어 최연희 전 사무총장의 성추행 사건이 터지면서 연일 한나라당을 향해 공세의 수위를 높이던 흐름이 한순간에 꺾일 수 있다는 우려도 높아졌다. 그렇잖아도 2·18 전당대회에서 정동영 의장이 새로 선출된 뒤 한나라당과의 지지율 격차를 한자리 수까지 좁혀 가던 터였다.

한나라당은 수세에 몰렸던 정국을 반전시키겠다는 판단하에 공세의 고삐를 늦추지 않았다. 골프모임 참석자들에 대한 추가 의혹 등을 잇따라 제기하며 이해찬 총리가 사임하지 않을 경우 민주당 등 다른 야당과 공조해 총리 해임건의안을 낼 수밖에 없다고 경고하고 나섰다. 결국 노무현 대통령은 아프리카 3개국 순방을 마치고 귀국한 3월 14일 이해찬 총리의 사의를 수용했다. 이날 오전 이해찬 총리가 노무현 대통령을 면담한 자리에서 "부주의한 처신으로 누를 끼쳐 다시 한번 죄송하다"며 사의를 밝혔고, 이에 노무현 대통령은 이날 오후 정동영 열린우리당 의장을 만나 "당 의견을 수용하겠다"며 사의를 받아들였다. 3·1절 골프 파문 이후 2주일 만이었다. 한나라당은 대변인 논평을 통해 "이해찬 총리의 퇴진은 국민 여론을 정확히 읽은 것으로, 필요조건과 충분조건을 모두 갖춘 사필귀정"이라며 사퇴는 당연한 결과라는 반응을 보였다. 그러면서 "총리가 물러나도 관련 의혹들은 명쾌하게 밝혀져야 한다. 특히 골프에 참석한 기업인들의 특혜 의혹은 끝까지 규명돼야 할 것"이라며 공세를 멈추지 않을 것임을 예고했다.

지방선거를 앞둔 읍참마속과 민심 이반 가속화

2004년 6월 30일 취임한 뒤 21개월 만에 불명예 퇴진한 이해찬 총리에겐 재임 기간 내내 명암이 함께 따라다녔다. 노무현 대통령의 분권형 대통령제 국정 운영 방침에 따라 역대 어느 총리보다 많은 권한을 부여받은 '실세 총리'로 불렸지만 다른 한편으로는 야당 의원들과 국회 본회의장에서 수차례 독설을 주고받는 등 소신 행보를 지속한 데 대해 '독선적이고 오만한 정권 2인자'라는 비난도 거셌다. 하지만 국정 통솔과 업무 추진력에 관해서는 어느 총리보다 뛰어난 수완을 발휘했다는 게 중론이었다. 재임 기간 행정도시 위헌소송으로 장기간 표류하던 행정중심복합도시 건설 추진 사업을 마무리했고 공공기관 이전과 혁신도시 건설에 대한 부처 간 이견도 별 탈 없이 조율해 내며 노무현 대통령의 신임을 얻었다. 20년간 표류해 온 중저준위 방사성 폐기물 처분장 유치 사업을 해결해 낸 것도 그의 업적으로 꼽혔다. 이처럼 사실상 책임총리 역할을 무난히 수행하면서 노무현 대통령의 버팀목 역할을 맡아 오던 이해찬 총리의 퇴진은 노무현 정부로서는 적잖은 손실이 아닐 수 없었다.

노무현 대통령으로서도 곤혹스럽긴 마찬가지였다. 평소 "이해찬 총리는 분권형으로 국정을 운영하는 데 꼭 필요한 사람"이라며 이해찬 총리의 역할을 높이 샀던 만큼 사퇴 요구를 순순히 받아들일 수만은 없었다. 게다가 한나라당의 퇴진 요구에 마냥 굴복할 경우 남은 임기 2년의 원활한 국정 운영도 결코 보장할 수 없는 상황이었다. 하지만 여당인 열린우리당마저 사퇴를 요구하고 나서면서 정치적 결단을 통해 당의 의견을 존중하는 모양새를 취하지 않을 수 없는 상황에 처하게 됐다. 노무현 대통령으로서는 열린우리당이 이해찬 총리 퇴진을 사실상 당론으로 결정한 마당에 퇴진 여부를 놓고 장고에 들어갈 경우 자칫 또 다른 여권 분열 논란을 야기할 수 있다는 부담도 적잖았다. 두 달 전인 2006년 1월 초 유시민 보건복지부 장관 임명 때는 "인사권은 대통령의 고유 권한"이라며 당의 임명 철회 요구를 일축했지만, 당장 지방선거가 코앞에 다가온 정치적 현실 속에서는 그때와는 다른 대응이 불가피한 상황이었다.

노무현 대통령에게 5월 지방선거는 여러 측면에서 결코 방관만 할 수 없는 중대 선거였다. 그런 만큼 부담도 적잖았다. 2월 26일 청와대 출입기자들과 북악산을 오르면서도 "선거 때문에 할 수 있는 일이 없다. 하던 일도 선거 때가 되면 중단해야 한다"며 고충을 토로하기도 했다. 이 같은 상황 인식 속에서 노무현 대통령은 '읍참마속'의 심정으로 이해찬 총리 퇴진 요구를 수용할 수밖에 없었다. 한나라당의 비판과 저항을 조기에 수습해 지방선거에 미칠 영향을 최소화하기 위한 조치였다. 하지만 노무현 대통령과 열린우리당의 기대와 달리 여론의 흐름은 이미 노무현 정부로부터 멀리 벗어나고 있었다.

3장

노무현 정부 3기

1. 5·31 지방선거와 열린우리당의 와해

대선 전초전과 '40 대 0'

2006년 5월 31일 실시된 제4회 전국 동시 지방선거는 대선을 1년 7개월 앞두고 열린다는 점에서 큰 관심을 모았다. 무엇보다 대선 전초전 성격을 띠고 있다는 점에서 유권자들이 노무현 대통령과 열린우리당의 개혁 노선을 지지할지, 아니면 집권 여당의 실정에 맞서 견제와 제재·저항의 노선을 견지한 한나라당 등 야당의 손을 들어줄지가 관심사였다. 이는 야당의 책임성 측면에서도 야당이 제 역할을 충실히 수행했는지 선거를 통해 평가를 받게 된다는 점에서 주목할 만했다. 더욱이 2004년 총선 이후 치러진 재·보궐선거에서 한나라당이 전승을 기록한 가운데 과연 17대 총선 이후 2년여 만에 열리는 전국 단위 선거에서는 어떠한 성적표를 받게 될지에 정가의 이목이 집중됐다.

결과는 집권 여당 사상 최악의 참패였다. 반면 한나라당은 호남을 제외한 전국에서 승리하며 압승을 거뒀다. 한나라당은 16개 시·도지사 중 서울·경기·인천 등 수도권 3곳을 모두 이긴 것을 비롯해 12곳의 광역단체장 선거에서 승리했다. 호남에서도 민주당이 광주시장과 전남지사 선거 등 2곳에서 이겨 전북지사 한 곳에서만 당선자를 낸 열린우리당과의 자존심 대결에서 우위를 지켰다. 전국에서 230명을 뽑는 시·군·구 기초단체장 선거도 한나라당이 사실상 석권했다. 서울 25개 구청장을 싹쓸이하는 등 전국 155곳에서 승리를 거뒀다. 이에 비해 열린우리당은 전국의 기초단체장 19곳을 확보하는 데 그쳐 20곳에서 승리한 민주당에도 뒤지는 굴욕을 맛봐야 했다.

광역의원과 기초의원 선거도 일방적인 결과로 끝났다. 전국 광역의원 733명과 기초의원 2,888명 중 한나라당은 각각 557명과 1,621명을 당선시켰다. 반면 열린우리당 당선자는 52명과 630명에 불과했다. 광역의원의 경우 민주당 당선자 80명보다도 적은 수치였다. 정당 득표율에서도 한나라당은 전국 평균 54.3%를 기록해 21.2%를 얻은 열린우리당을 더블 스코어 이상으로 앞섰다. 심지어 서울의 경우 시장과 25개 구청장 전원은 물론 지역구 시의원 96석까지 한나라당이 100% 싹쓸이했다. 이는 지방선거 사상 유례가 없는 사건이었다. 한나라당은 108명을 뽑는 경기도 도의원 선거에서도 108명 전원을 당선시켰다.

5·31 지방선거가 열린우리당에게 쉽지만은 않은 선거가 될 것이란 관측은 많았지만 이 정도까지 일방적으로 무너지리라고는 그 누구도 예측하지 못했다. 일당 독재의 권위주의 국가에서나 볼 수 있을 법한

압도적인 승리와 패배가 민주주의 국가의 자유선거에서 나타난 것이 었다. 게다가 독재 국가에서도 90% 이상의 압승은 늘 집권 여당의 몫이었고 야당에게는 언감생심일 뿐이었다. 하지만 여당이 아니라 야당인 한나라당이 90% 이상의 압승을 거두는 믿기지 않는 결과가 2006년 대한민국 지방선거에서 현실화된 것이었다. 이는 집권 여당인 열린우리당에게는 국민이 내리는 엄중한 사형 선고나 다름없었다.

정치권에서는 잇단 정책 실패와 내부 분열로 열린우리당의 지지층이 사분오열된 반면, 한나라당은 안보와 성장 이데올로기를 앞세우며 견제와 저항의 노선을 일관되게 유지하면서 차떼기 파문과 탄핵 후폭풍에 등을 돌렸던 전통적 지지층을 다시 규합해 내는 데 성공했기 때문이란 분석이 제기됐다. 실제로 동아시아연구원EAI과 SBS·중앙일보·한국리서치가 5·31 지방선거를 전후해 전국 성인 유권자 1,300명을 대상으로 지지 성향의 변화를 추적하기 위한 패널 조사를 실시한 결과 2년 전 17대 총선에서 열린우리당을 찍은 지지자의 44.7%만 5·31 지방선거에서도 열린우리당을 지지한 것으로 나타났다. 반면 37.4%는 2년 만에 한나라당으로 지지 정당을 바꾼 것으로 조사됐다. 이에 비해 한나라당 지지자들의 투표 행태는 거의 변함이 없었다. 17대 총선 때 한나라당 지지자의 92.0%가 5·31 지방선거에서도 한나라당을 선택한 것으로 밝혀졌다. 열린우리당으로 지지 정당을 바꾼 경우는 3.8%에 불과했다.

5·31 지방선거 직후 한국선거학회가 실시한 심층 면접조사에서도 2002년 대선 때 노무현 후보 지지자 중 2006년 광역단체장 선거에서 열린우리당 후보를 지지한 비율은 32.2%에 그쳤다. 한나라당 후보

　　　　　　　　　　　　　　한국 정치, 야당의 길을 묻다

를 지지한 비율45.3%보다 오히려 13.1%포인트나 낮은 수치였다. 심지어 호남 출신 중에서도 18.2%는 광역단체장 선거에서 한나라당을 지지한 것으로 나타났다. 서울시장 선거의 경우 호남 출신의 과반이 넘는 52.9%가 한나라당을 지지한 것으로 조사됐다. 이는 호남이 열린우리당의 주된 지지 기반이란 점에서 열린우리당 지지층의 이탈 현상이 얼마나 심각한 수준이었는지 상징적으로 보여주는 결과였다.

그렇다고 야당의 행태에 대한 유권자들의 평가가 결코 긍정적인 것만은 아니었다. EAI 등이 실시한 패널 조사에서도 '노무현 정부의 국정 운영이 원활하지 못한 데는 야당과 보수언론 등의 발목 잡기에도 책임이 있다'는 주장에 대해 59.6%가 공감한다고 응답했다. 한나라당 지지자 중에서도 50.3%가 공감을 표시해 공감하지 않는다43.0%는 응답을 웃돌았다. 한국선거학회가 실시한 심층 면접조사에서도 한나라당 압승의 요인으로 '한나라당에 대한 기대'를 꼽은 응답은 7.0%에 불과했다. 이는 여론이 비록 선거에서는 승리했지만 발목 잡기와 다름없는 행태를 지속하는 한나라당에 대해 비판적 시각을 거두지 않고 있음을 보여준다는 점에서 야당의 책임성 측면에서 볼 때 시사하는 바가 작지 않다.

지방선거가 한나라당의 압승과 집권 여당의 참패로 끝나자 즉각 정치권에서는 대대적인 정계개편이 불가피할 것이란 전망이 나오기 시작했다. 집권 여당에 대한 국민적 신뢰가 바닥을 찍은 것으로 판명이 난 이상 열린우리당 간판으로 또 다른 선거를 치르는 것은 무의미하다는 판단에서였다. 하지만 내부의 갑론을박만 오가는 가운데 2006년 7월 26일 4곳에서 국회의원 재·보궐선거가 또다시 치러졌고 역시나 열린우리당은 전패하고 말았다. 한나라당이 3곳, 민주당이 한 곳에서 승리했다. 특히 서울 성북을에서는 2년 반 전 탄핵을 주도했던 조순형 전 민주당 대표가 당선되면서 열린우리당과 민주당의 재통합 논의가 태풍의 핵으로 급부상했다.

열린우리당은 석 달 뒤인 2006년 10월 25일 국회의원 2곳 등 9곳에서 치러진 재·보궐선거에서도 단 한 명의 당선자를 내지 못했다. 이로써 열린우리당은 2005년 4월 이후 실시된 네 차례의 재·보궐선거에서 '40 대 0'의 전패를 기록하는 수모를 당하게 됐다. 이는 지난 2년간 국회의원과 시장·군수 선거에서 40번을 패하는 동안 단 1승도 거두지 못했다는 뜻이다. 여기에 지방선거에서의 압도적 패배까지 더해지면서 열린우리당은 결국 해체와 소멸의 길로 접어들게 됐다. 창당당시 100년 정당을 꿈꿨던 집권 여당이 불과 3년도 지나지 않아 한나라당이란 강고한 벽을 넘지 못한 채 정치적 종착역을 향해 달려가게된 것이었다.

여권의 신당 추진과 원포인트 개헌 무산

지방선거에서 참패한 데 이어 두 차례의 재·보궐선거에서도 전패한 열린우리당은 집권 여당으로서의 위상을 상실하고 말았다. 이는 노무현 정부의 정국 운영에도 커다란 짐으로 다가왔다. 당장 인사 문제에서 난관에 부딪혔다. 전효숙 헌법재판소장 지명을 둘러싼 갈등이 대표적이었다. 2006년 9월 6일 전효숙 지명자에 대한 국회 인사청문회에서 조순형 민주당 의원은 편법 지명 문제를 제기하며 "헌법재판관으로 재임명한 뒤 국회에 다시 동의를 요청하는 절차를 밟으라"고 요구했다. 아무도 예상치 못한 이 같은 지적에 인사청문회는 파행을 거듭했고 결국 임명동의안 처리는 무산되고 말았다. 이후 열린우리당은 국회의장 직권상정으로 임명동의안을 처리하려 했지만 한나라당이 국회 본회의장을 점거하며 결사 저지에 나서면서 이마저도 성공하지 못했다. 7월 재·보궐선거를 통해 국회 재입성에 성공한 조순형 의원이 자신이 탄핵을 주도했던 노무현 대통령의 등에 또다시 비수를 꽂은 셈이었다.

정국이 급속도로 경색되고 헌법재판소장 인준 문제도 좀처럼 실마리가 풀리지 않자 노무현 대통령은 헌법재판소장 인준을 비롯한 제반 정치 현안들을 논의하기 위해 열린우리당과 한나라당, 정부가 참여하는 여·야·정 3자 정치협상회의를 열자고 제의했다. 하지만 한나라당은 이를 일언지하에 거부했다. 한나라당 입장에서는 이미 코너에 몰려 있는 노무현 대통령과 열린우리당에게 굳이 회생의 길을 터줄 이유가 없었다. 3자 회의가 무산되자 노무현 대통령은 열린우리당 지도부에 만찬을 제의했지만 열린우리당은 이마저도 "사전에 전혀 상의가 없었다"며 거부했다. 이에 격분한 노무현 대통령이 탈당 가능성까지 시사했고, 이에 열린우리당이 "정치는 당에 맡기고 국정에만 전념해 달라"고 맞받아치면서 조순형 의원의 문제 제기에서 시작한 헌법재판소장 인준 논란은 엉뚱하게도 대통령과 집권 여당의 갈등으로 비화하는 결과를 낳게 됐다.

그런 가운데 10월 재·보궐선거에서도 패하자 열린우리당은 신당 창당을 통한 정계개편을 본격적으로 모색하기 시작했다. 윤태영 청와대 대변인이 "노무현 대통령은 지역 분할 구도를 강화하는 방향의 논의에 찬성하지 않을 것"이라며 열린우리당과 민주당의 통합에 대한 반대 입장을 분명히 했지만, 친노 직계를 제외한 대부분의 열린우리당 의원들은 열린우리당 간판으로는 2007년 대선에서 승리할 가능성이 없다는 데 의견을 같이하고 신당 창당 작업에 더욱 속도를 내기 시작했다. 김한길 열린우리당 원내대표도 11월 7일 국회 교섭단체 대표 연설에서 "열린우리당 창당은 한국 정치사에 크게 기록될 만한 정치 실험이었다고 생각한다. 하지만 이젠 정치실험을 마감하고 지켜가야할 것과 버리고 가야 할 것이 무엇인지 가려내 또 한 번 다시 시작할 필요가 있다"며 신당 창당을 기정사실화했다. 이에 노무현 대통령은 "구 민주당으로의 회귀"라거나 "말이 신당이지 지역당을 만들자는 것으로 좌시하지 않겠다"는 등의 강경 발언을 잇따라 쏟아냈지만 이미 기울어진 의원들의 마음을 붙잡기에는 역부족이었다.

지역주의 타파를 내걸고 열린우리당 창당에 힘을 쏟았던 노무현 대통령으로서는 열린우리당이 이처럼 허무하게 문을 닫고 다시 민주당과 통합하려 하는 상황을 마냥 받아들일 수만은 없었다. 이에 노무현 대통령은 대선의 해가 시작된 2007년 1월 9일 담화문을 발표하고 대통령 4년 연임제를 골자로 하는 원포인트 개헌안을 발의하겠다고 밝혔다. 개헌이라는 블랙홀을 정치적 화두로 던짐으로써 신당에 쏠린 시선을 되돌리려는 노무현 대통령의 승부수였다. 하지만 노무현 대통령의 이 같은 시도는 "참 나쁜 대통령"이라는 박근혜 한나라당 대표의 말 한마디로 단박에 깨져 버리고 말았다.

박근혜 대표가 세 단어로 압축해 전달하고자 했던 메시지는 '지금 이 시점에서의 개헌 발의는 정략적 발상에서 비롯된 것이므로 결코 동조할 수 없다'는 의미를 담고 있었고, 그런 점에서 '참 나쁜 대통령'이란 문구는 국민 여론을 휘어잡기에 충분한 위력을 내포하고 있었다. 여론 또한 결코 우호적이지 않았다. 한국갤럽이 1월 9일 노무현 대통령이 개헌을 제안했던 당일 긴급 여론조사를 실시한 결과 '국가혁신 차원의 순수한 제안'이란 응답은 24.5%에 불과한 반면 '대선을 앞두고 영향을 주려고 하는 정략적 제안'이란 응답은 64.4%에 달했다.

이 같은 상황 속에서 이미 대연정 제안을 통해 선거제도 개편을 시도했다 실패했던 노무현 대통령으로서는 두 번째 개헌 카드마저도 박근혜 대표의 짧고 강력한 말 한마디에 무산되는 걸 지켜만 봐야 했다. 여기에 열린우리당 의원들조차 국회 대정부질문을 통해 대통령의 탈당을 공개 요구하고 나서자 노무현 대통령은 사면초가에 몰리게 됐다. 결국 2007년 2월 22일 노무현 대통령은 열린우리당 지도부를 초청한 자리에서 탈당 의사를 밝혔고 엿새 뒤인 2월 28일 탈당계를 공식 제출했다. 노태우·김영삼·김대중 대통령에 이어 집권 기간 여당을 탈당한 네 번째 대통령이자 임기 중 두 번이나 여당을 탈당한 첫 번째 대통령이었다.

2. 대선 정국의 본격화: 여야의 상반된 행보

탈당과 창당 반복한 여권

한나라당은 물론 열린우리당 의원들도 노무현 대통령의 개헌 제안에 동조하지 않고 오히려 탈당을 요구하고 나선 것은 대선의 해를 맞아 소속 의원들이 열린우리당으로는 희망이 없다는 판단에 따라 잇따라 탈당을 실행에 옮기면서 당이 급속히 와해되기 시작한 것과 궤를 같이하고 있었다. 이미 2007년 1월 들어 천정배·염동연 의원 등이 탈당한 데 이어 2월 초엔 김한길·강봉균 의원 등 23명이 집단 탈당했다. 이들은 '중도개혁 통합신당 추진모임'이란 이름으로 원내 교섭단체 등록도 마쳤다. 이에 맞서 열린우리당도 2월 14일 전당대회를 열고 정세균 의장을 창당 후 열 번째 당 의장으로 선출하며 탈당파와 신당 주도권 경쟁에 나섰다.

열린우리당 탈당파는 5월 7일 '중도개혁통합신당'을 창당한 데 이어 민주당과 통합 협상에 나서 6월 27일 '중도통합민주당'을 공식 출범시켰다. 하지만 범여권 통합 방식을 놓고 이견이 좁혀지지 않자 7월 24일 또다시 탈당했고, 이후 시민사회단체 세력이 주축인 미래창조연대와 한나라당을 탈당한 손학규 지지 모임 등과 함께 '범여권 신당창당추진위원회'를 구성했다. 8월 5일 '미래창조대통합민주신당약칭 대통합민주신당'이란 11글자나 되는 긴 명칭의 신당을 창당한 이들은 열린우리당에 합당을 제안했고 열린우리당이 이에 응하면서 8월 20일 열린우리당이 대통합민주신당에 흡수되는 형식으로 범여권의 기나긴 신당 추진 작업은 마무리됐다. 이로써 열린우리당은 3년 9개월 만에 역사 속으로 사라지게 됐고 대통합민주신당은 다시 원내 제1당으로 복귀했다. 또한 한나라당과 대선에서 맞붙을 정당이 비로소 확정되면서 대선 경쟁도 본격화하기 시작했다.

하지만 이처럼 비슷비슷한 이름의 신당이 몇 달 사이에 떴다방처럼 등장했다 사라진 데 대한 국민적 시선은 결코 곱지 않았다. 대통합민주

한국 정치, 야당의 길을 묻다

신당 의원 143명 중 138명이 열린우리당 출신으로 집계되면서 '도로 열린우리당'이란 비판도 적잖았다. 간판만 수차례 바꿨을 뿐 사실상 열린우리당과 다를 게 없자 정체성과 비전은 결여된 채 대선용으로 급조한 정당이란 부정적 이미지가 확산됐다. 이 같은 모습은 차떼기 당 논란과 탄핵 역풍 등에도 불구하고 노무현 정부 내내 한나라당이란 간판을 유지하며 지지층을 공고히 다져온 야당과 극적으로 대비됐고, 이는 대선 국면이 본격화되기 전부터 여권의 패배 가능성을 높이는 요인으로 작용했다.

이명박 · 박근혜가 맞붙은 한나라당 경선

열린우리당 의원들의 탈당 러시가 본격화하던 2007년 2월 1일 한나라당은 대통령 후보 경선 방식과 시기 등을 결정할 준비기구인 '2007 국민승리위원회'를 출범시키며 본격적인 대선 준비에 착수했다. 김수한 전 국회의장이 위원장을 맡은 경선준비위원회는 당헌대로 경선을 6월 22일 이전에 실시하는 방안을 추진했다. 하지만 당내 주요 대선후보 중 한 명으로 꼽히던 손학규 전 경기지사가 "추석인 9월 25일 이후 100만 명 이상의 국민선거인단이 참여하는 경선을 실시해야 하며, 이 방안이 받아들여지지 않을 경우 중대 결심을 할 수밖에 없다"고 반발하면서 첫 난관에 부딪혔다.

이에 3월 18일 강재섭 한나라당 대표가 '8월 21일 이전에 20만 명 선거인단 경선을 실시한다'는 중재안을 제시하자 이명박 전 서울시장과 박근혜 전 대표는 이를 수용했다. 하지만 손학규 전 지사는 자신의 요구가 반영되지 않았다며 반발했고, 다음 날인 3월 19일엔 "낡은 수구와 무능한 좌파의 질곡을 깨고 새로운 대한민국을 위한 새 길을 창조하기 위해 한나라당을 떠나기로 했다"며 탈당을 선언했다. 정치권은 이명박·박근혜의 강고한 양강 구도에서는 승리할 가능성이 낮다고 판단한 손학규 전 지사가 국민참여경선을 명분 삼아 일찌감치 탈당을 감행한 것으로 분석하고 그 파장이 어느 정도까지 확산될지에 촉각을 곤두세웠다.

손학규 전 지사는 이명박 전 시장과 박근혜 전 대표가 한나라당 대선후보 경선 과정에서 정면충돌할 수밖에 없을 것이며, 이로 인해 결국엔 두 세력이 갈라서게 되면서 각자 출마의 길을 걷게 될 것이라고 내다봤다. 그리고 그런 변화의 와중에 승부수를 띄울 기회가 한 번쯤은 찾아올 것이라고 판단했다. 더 나아가 지리멸렬한 여당의 대선후보 자리를 차지하게 될 경우 '손학규 대 이명박 대 박근혜'의 3자 대결 구도가 형성되면서 '집권 여당 대선후보 손학규'로서 한층 유리한 고지에 올라설 수 있을 것으로 기대했다. 실제로 한국갤럽이 2월 19일 발표한 여권 대선후보 선호도 조사에서 손학규 전 지사는 18.5%를 얻어 정동영 전 열린우리당 의장10.2%과 강금실 전 법무부 장관7.1%, 한명숙 국무총리6.6% 등을 제치고 1위를 차지했다.

하지만 손학규 전 지사의 전략은 첫 단계부터 어긋나기 시작했다. 한나라당 의원들의 동반 탈당을 내심 기대했지만 손 전 지사를 따라 탈당한 의원은 단 한 명도 없었다. 한나라당 대변인실도 "아쉬울 뿐"이란 짧은 논평만 냈다. 손학규 전 지사는 탈당하기 전만 해도 "내가 한나라당의 주인"이라며 자신감을 나타냈지만 실제로는 한나라당 내부에 형성돼 있는 정치적 역학 구도를 전혀 읽지 못한 채 주관적 판단에만 의지한 채 형세를 크게 오판하고 있었던 것으로 드러났다. 게다가 노무현 대통령도 즉각 "자신에게 불리하다고 탈당하는 것은 민주주의 원칙에 맞지 않는다. 보따리장수 같이 정치를 해서야 나라가 제대로 되겠느냐"고 비판하면서 범여권 진영으로의 합류도 결코 쉽지 않은 일이 돼버렸다.

　이렇듯 손학규 전 지사의 탈당에도 불구하고 별다른 정치적 충격을 입지 않은 한나라당은 본격적으로 대선후보 경선 준비에 들어갔다. 한나라당 지도부로서는 두 후보의 샅바싸움을 어떻게 하면 최대한 '공정하게' 조율해 별 탈 없이 본 경선까지 이어지도록 할 것이냐, 그리고 이를 통해 경선이 완전히 끝날 때까지 추가 탈당을 막을 수 있느냐가 최대 과제였다. 가장 큰 난제는 경선 방식이었다. 이명박 전 시장은 일반 여론조사에서 앞서 있었던 데 비해 박근혜 전 대표는 당원과 대의원 지지에서 강점을 보였다. 따라서 당원·대의원 투표와 여론조사 비율을 어떻게 조정하느냐를 놓고 두 진영 사이에 한 치도 양보할 수 없는 긴장감이 조성됐다. 강재섭 대표가 선거인단 수를 20만 명에서 23만여 명으로 늘리고 일반 국민 투표율을 보정하는 중재안을 냈지만 박근혜 전 대표 측이 거부하면서 한때 한나라당 경선이 무산되는 것 아니냐는 우려가 확산됐다. 하지만 이명박 전 시장이 5월 14일 긴급 기자회견을 통해 양보 의사를 밝히면서 한나라당 경선은 다시 극적으로 정상화됐다.

　이명박 전 시장과 박근혜 전 대표가 경선 방식에 합의하면서 한나라당은 5월 21일 전국위원회를 열고 8월 21일 이전에 선거인단 23만 1,652명이 전국 동시투표를 통해 대선후보를 선출한다는 내용의 당헌·

당규 개정안을 확정했다. 6월 13일 한나라당 대선 예비후보 등록을 마감한 결과 이들 외에도 고진화·원희룡·홍준표가나다 순 후보가 등록하면서 5명으로 경선 레이스가 시작됐다. 이후 한나라당은 전국을 돌며 정책토론회와 합동유세를 펼쳤고, 결국 8월 20일 열린 전당대회에서 이명박 전 시장은 박근혜 전 대표를 누르고 한나라당 대통령후보로 당선됐다. 개표 결과 예상대로 박근혜 전 대표가 선거인단 득표에서는 432표0.33%포인트 차 앞섰지만 여론조사 득표율을 투표수로 환산한 득표는 이명박 전 시장이 2,884표8.82%포인트 차를 더 얻은 것으로 집계되면서 최종 득표에서 이명박 전 시장이 2,452표 차로 승리를 거두게 됐다.

이처럼 한나라당 대선후보 경선은 끝났지만 개표 결과가 우려했던 바대로 나오면서 위기감은 줄어들지 않았다. 정가에서도 경선 패자가 결과를 흔쾌히 받아들일 수 없을 것이란 관측이 강하게 제기돼 왔다. 실제로 박근혜 전 대표는 당원·대의원 투표에서 이겼음에도 불구하고 여론조사에서 밀리면서 제1야당의 대통령후보 자리를 내주게 됐다. 게다가 이미 경선 과정에서 두 후보 진영 사이에 돌이킬 수 없을 정도로 깊은 앙금이 쌓인 상태였다. 양측은 네거티브 전략팀을 적극 가동해 후보 검증이란 명목으로 상대방의 치부를 최대한 깊숙이 파헤쳤고, 그러는 가운데 한나라당 주변에서는 범여권 진영보다 오히려 같은 당내에서 더욱 신랄하게 서로를 공격하는 게 적잖은 후유증을 낳을 수 있다는 우려가 폭넓게 퍼져 있었다.

물론 공직선거법 규정에 따라 당내 후보 경선을 마친 후보는 탈당하더라도 당해 대선에 출마할 수 없게 돼 있는 만큼 이명박 전 시장이

한국 정치, 야당의 길을 묻다

스스로 물러나지 않는 한 박근혜 전 대표가 한나라당 대선후보로 본선에 나설 가능성은 사실상 전무했다. 하지만 박근혜 전 대표가 이명박 전 시장은 절대 도울 수 없다며 당내 투쟁에 돌입하거나, 더 나아가 이명박 전 시장과는 한배를 탈 수 없다며 탈당을 감행할 여지는 여전히 남아 있었다. 그럴 경우 경선을 겨우 마무리한 한나라당 입장에서는 숨 돌릴 틈도 없이 또 다른 파국에 직면할 수밖에 없는 상황이었다.

하지만 박근혜 전 대표는 이명박 후보의 수락연설 직후 인사말을 통해 "경선 결과에 깨끗이 승복한다. 당원의 본분으로 돌아가 정권교체를 위해 백의종군하겠다"며 이명박 후보의 당선을 돕겠다고 선언했다. 박근혜 전 대표는 이어 지지자들에게도 "아무 조건과 요구 없이 그동안 저를 도와준 마음으로 이제 당의 정권 창출을 위해 힘을 모아 달라. 경선 과정의 모든 일들은 이제 잊어버리자"고 호소했다. 예상치 못했던 박근혜 전 대표의 즉각적인 승복 선언은 상당한 파급 효과를 불러 일으켰다. 한나라당도 두 후보 진영이 쪼개지는 최악의 시나리오에서 벗어날 수 있게 됐을 뿐 아니라 비 온 뒤 땅이 더 굳어지듯 두 후보의 화합과 공조를 바탕으로 향후 대선 정국에서 더욱 막강한 위력을 발휘할 수 있게 됐다는 점에서 최상의 결과표를 받아들게 됐다. 또한 이는 분열과 신당 창당을 거듭하며 혼란스러운 상황에서 벗어나지 못하고 있던 범여권과 전적으로 대비되면서 한나라당의 대선 승리 가능성을 한층 높여주는 분기점으로 작용했다.

3. 한나라당 대선 승리와 야당의 책임성

탄핵 반면교사와 성장·안보 담론

야당의 책임성이란 측면에서 볼 때 한나라당의 대여 견제와 저항의 행보는 2004년 총선 이전과 이후가 확연하게 달랐다. 여기에는 탄핵이 결정적인 반면교사가 됐다. 2002년 대선에서 노무현 후보에 패한 뒤 한나라당은 김대중 정부 5년에 이어 또다시 5년간 야당 생활을 지속해야 할 처지에 직면했다. 한나라당의 뿌리가 민자당을 넘어 민정당과 공화당까지 거슬러 올라간다고 볼 때 한나라당 소속 국회의원과 정치인들은 물론 보수·영남·재벌 등 한나라당의 주요 지지층에게 '야당 10년'이란 현실은 심정적으로든, 정치적으로든 받아들이기가 결코 쉽지 않았다. 오랜 기간 집권 여당과 기득권층의 지위를 고수해온 만큼 야당의 역할과 책임에 대한 인식은 김대중 정부 5년을 지냈다 하더라도 여전히 낯설고 생소하기만 했다.

더욱이 한나라당 입장에서 볼 때 새로 집권한 노무현 대통령은 출신 배경과 정치적 커리어부터 당선 후 잇단 설화로 논란을 부르는 모습까지 대통령으로 인정하기엔 꺼림칙한 부분이 적잖았다. 이런 상황에서 탄핵 정국이 도래하자 한나라당은 고민에 빠졌고, 결국 야당으로서는 최강의 견제와 저항 수단인 탄핵 카드를 뽑아들기로 결정했다. 여기에는 한편으로는 우리가 얼마든지 대통령을 제압하고 정국을 주도할 수 있을 것이란 자만심이, 다른 한편으로는 이런 천재일우의 기회를 잡지 않으면 만년 야당의 신세를 벗지 못할 수 있다는 조바심이 크게 작용했다. 하지만 이처럼 자만심과 조바심에 사로잡혀 있다

보니 국민적 여론의 흐름을 객관적 시각에서 면밀하게 분석하지 못한 채 서둘러 탄핵을 밀어붙이게 됐고, 결국 이는 엄청난 탄핵의 후폭풍에 직면해야 하는 결과로 이어졌다. 야당이 견제와 저항이란 야당 본연의 책임과 역할을 수행함에 있어서 여론의 지지와 신뢰 확보가 제1의 성공 조건이란 전제에 비춰볼 때 한나라당의 대통령 탄핵 추진은 처음부터 실패할 수밖에 없는 요인을 내포하고 있었던 셈이다.

탄핵 역풍 후 치러진 총선에서 여대야소라는 성적표를 받아든 한나라당은 곧바로 심기일전하며 전열 정비에 나섰다. 박근혜 대표도 곧바로 천막당사로 당사를 옮긴 데 이어 17대 국회를 맞아 이전과는 다른 전략적 행보를 보이기 시작했다. 4대 개혁법안 저지 투쟁에서 나타났듯이 훨씬 정교하고 효율적인 투쟁 모습을 선보였다. 탄핵 때의 경험을 교훈 삼아 보다 냉철한 판단하에 견제와 저항의 성공 가능성을 최대한 끌어올리려 했다. 여기에 여당인 열린우리당의 지리멸렬과 적전 분열 양상이 중첩되면서 한나라당의 견제와 저항은 한층 더 위력을 발휘하게 됐다.

한나라당의 견제와 저항 수단이 합리적이었느냐, 또는 한국 정치 발전에 기여할 만한 긍정적 요소를 내포하고 있느냐에 대해서는 논란의 여지가 있을 수 있다. 4대 개혁법안 저지 과정에서 한나라당이 택한 전략이 대표적이다. 한나라당은 국보법은 물론 사학법과 과거사법, 언론법에 반대하는 주된 논리로 반공 이데올로기를 일관되게 동원했다. 여기에 성장 담론을 더해 안보와 경제라는 두 축을 견제와 저항의 주된 수단으로 삼았다. '경포대경제를 포기한 대통령'라는 비난을 끊임없이 반복한 게 대표적이다. 하지만 실제로 4대 개혁법안 중 어느 부분에 친북적 요소가 담겨 있다거나 경제성장을 저해하는 조항이 포함돼 있다고 특정하진 않았다. 박근혜 대표도 "자유민주주의와 시장경제를 부정하는 듯한 모든 정책과 법안은 즉각 중단되어야 한다"고 했지만 4대 개혁법안 중 어떤 부분이 자유민주주의와 시장경제를 부정하는지에 대한 언급은 전혀 없었다.

그럼에도 한나라당의 일관된 메시지는 사실 여부와는 관계없이 결과적으로 나름 효과적인 수단이었던 것으로 드러났다. 반공 이데올로기와 성장 담론은 흩어졌던 한나라당의 전통적 지지층을 다시 하나로 묶어내고 이들의 적극적 지지를 이끌어낼 수 있는 최상의 프레임이었고, 한나라당과 박근혜 대표는 위기에 처한 당을 살려내고 차기 대선에 대비하기 위해 이 같은 전가의 보도를 또다시 꺼내들었다. 이를 야당의 책임성 측면에서 살펴보면 또 다른 논란의 여지가 발생할 수 있다. 이는 야당이 전체 국민의 여론을 충실히 대변하는 게 책임성을 다하는 것인지, 아니면 자기 당 지지층의 특정한 이해를 최대한 챙기는 게 책임성 있는 행위인지에 대한 이론적 논쟁과도 맞닿아 있다. 전자로 해석할 경우 한나라당의 견제와 저항은 오히려 국론 분열만 심화시켰다는 비판이 가능하다. 반면 후자에 대입하면 한나라당은 가장 효율적인 전략을 실행에 옮긴 셈이 된다.

야당의 책임성의 또 다른 측면인 정책적 대안이란 관점에서 볼 때도 한나라당이 내놓은 대안의 적실성을 둘러싸고 논란이 제기될 수 있다. 실제로 한나라당은 노무현 정부의 개혁입법 추진에 맞서 당 차원에서 대안을 내놓으려는 노력을 거의 보이지 않았다. 즉 한나라당은 미래를 위한 비전과 국민의 삶을 획기적으로 향상시키기 위한 합

한국 정치, 야당의 길을 묻다

리적 대안을 제시함으로써 승리한 것이 아니라 오로지 무능하고 오만한 정권에 대한 심판론을 무기로 반사이익을 챙긴 측면이 강했다. 야당의 책임성에 있어서 견제와 대안이란 두 가지 핵심 요소를 감안해 볼 때 대안의 부실함 속에 견제와 저항이라는 한쪽 측면만의 불완전한 책임성을 수행한 셈이다. 이렇듯 한나라당과 박근혜 대표는 정책적 대안을 통해 여론의 심판을 받으려 하기보다는 지지층에 최적화된 구호를 집요하게 반복함으로써 지지 세력을 결집시키고 여권의 분열과 자포자기를 유도하는 전략을 택했다. 각종 재·보궐선거는 물론 2006년 5·31 전국 지방선거에서도 한나라당은 전적으로 정권 심판론에 의지해 선거운동을 펼쳤고 이는 여권의 실정과 맞물려 최상의 성과로 이어지면서 결과적으로 한나라당으로 하여금 정책적 대안을 마련해야 할 필요성을 느끼지 못하게 하는 요인으로 작용했다.

이 같은 정치적 환경 속에서 치러진 17대 대선은 이미 시작부터 결과를 예고하고 있는 것이나 다름없었다. 한나라당이 2007년 2월부터 경선을 준비한 것과 달리 대통합민주신당은 8월에 들어서야 가까스로 당을 추스르고 선거인단 모집에 들어갔을 정도였다. 한나라당이 대선후보를 뽑은 8월 20일 대통합민주신당은 그제야 선거인단 모집에 들어갔다. 이어 8월 27일 첫 후보 토론회를 시작으로 예비경선을 통해 9명의 후보를 5명으로 압축했다. 이후 유령 선거인단 논란이 불거진 데 이어 손학규 후보의 칩거, 경선 일정 중단 등 우여곡절을 겪은 끝에 10월 15일 정동영 후보가 예비경선 1위를 기록했던 손학규 후보를 누르고 범여권의 대선후보로 최종 선출됐다. 여기에 통합민주당이 이인제 후보를 지명하면서 17대 대선은 이명박·정동영·이인제 후보의 3파전에 창조한국당 문국현 후보와 민주노동당 권영길 후보가 가세하는 양상을 띠게 됐다.

막판 돌발변수는 이회창 후보의 전격 출마선언이었다. 특히 이는 박근혜 전 대표가 한나라당을 탈당해 이회창 후보를 도울 수 있다는 관측과 맞물리면서 대선판을 뒤흔들 수 있는 메가톤급 변수로 급부상했다. 실제로 이회창 후보는 박근혜 전 대표의 지지를 이끌어내기 위해 총력을 기울였다. 게다가 대통합민주신당이 BBK 주가 조작 사건을 고리로 이명박 후보에 대한 네거티브 총공세에 나선 상태여서 박근혜 전 대표가 등을 돌릴 경우 이명박 후보에게 상당한 충격이 가해질 수밖에 없는 상황이었다. 때마침 이명박 후보의 핵심 측근인 이재오 의원이 "이명박 후보를 당 후보로 인정하지 않는 세력이 있다"는 등의 발언으로 압박을 가한 데 대해 박근혜 전 대표가 "오만의 극치"라고 강하게 맞받아치면서 상황은 더욱 심상찮게 흘러갔다. 이에 이명박 후보는 이재오 의원을 최고위원에서 자진 사퇴하도록 한 뒤 직접 기자회견을 열고 박근혜 전 대표를 '국정의 동반자'라고 부르는 등 급히 사태 수습에 나섰고, 박근혜 전 대표가 이를 전격 수용하고 이명박 후보 지지 의지를 거듭 표명하면서 가까스로 논란이 일단락됐다.

이 같은 막판 변수마저 사라지면서 승부의 추는 완전히 기울고 말았다. 2007년 12월 3일엔 정몽준 의원도 이명박 후보 지지를 선언하고 한나라당에 입당했다. 반면 정동영 후보는 대선 전날까지 문국현 후보와 단일화를 시도했지만 결국 무위에 그치고 말았다. 2007년 12월 19일 치러진 17대 대선 개표 결과 이명박 후보는 1,149만 2,389표48.7%를 얻어 617만 4,681표26.1%를 얻는 데 그친 정동영 후보를 무려

530여만 표 차이로 누르고 승리를 거뒀다. 같은 보수 진영 후보인 이회창 후보가 15.1%355만 9,963표를 기록하며 표를 나눠 가져갔지만 이명박 후보의 17대 대통령 당선에는 영향을 미치지 못했다.

대선 승리의 숨은 요인: 강력한 차기 리더십의 존재

한나라당의 완승은 여러 내외부적 요인이 복합적으로 작용한 결과라고 할 수 있다. 그중에서도 특히 열린우리당의 무기력·무능력·무전략 등 '3무無'에 더해 한나라당이 견제와 저항이라는 야당의 책임성을 효율적으로 수행한 점을 승리의 주된 요인으로 꼽을 수 있을 것이다. 그렇다면 한나라당이 견제와 저항의 대오를 마지막까지 일관되게 유지할 수 있었던 비결은 무엇이었을까. 어떤 요소가 바탕에 깔려 있었길래 한나라당 구성원과 지지층이 끝까지 똘똘 뭉칠 수 있었을까. 이를 현실 정치의 측면에서 분석해 보면 무엇보다 강력한 차기 리더십의 존재를 첫 손에 꼽을 수 있다. '잃어버린 10년'을 되찾기 위해서는 대선 승리를 담보할 수 있는 유력 후보의 존재가 필수인데, 노무현 대통령 이후 경쟁력 있는 후보가 부재한 여권과 달리 한나라당 내부에는 이명박과 박근혜라는 필승 카드가 두 장이나 확보돼 있었다.

이는 한나라당 의원들과 지지 세력이 분열하지 않고 하나의 울타리 안에 머무르며 끝까지 일관된 대오를 유지하게 하는 핵심 동인으로 작용했다. 또한 이는 내부 갈등을 뛰어넘어 일사불란한 대여 투쟁에 나서게 하는 원동력이 되기도 했다. 더욱이 2004년 총선 이후 3년여 동안 대여 투쟁을 전개하는 과정에서 지지층도 충분히 다져졌고 각종 선거에서의 연전연승으로 대선 승리에 대한 자신감도 충만해진 상태였다. 이 같은 과정을 통해 강력한 차기 리더십의 존재는 견제와 저항이란 야당의 책임성과 선순환 관계를 형성하게 됐고, 이는 한나라당의 대선 승리 가능성을 높이는 또 다른 요인이 됐다.

박근혜 전 대표가 대선후보 경선 패배에 깨끗이 승복한 데 이어 이회창 후보의 막판 구애에도 불구하고 당을 꿋꿋이 지키기로 결심한 것도 이와 무관치 않다. 박근혜 전 대표는 2004년 탄핵 후폭풍에 직면해 천막당사를 운영하며 아사餓死 직전의 당을 구해낸 주인공이었다. 이후 2년 넘게 당 대표를 맡아 열린우리당의 4대 개혁입법화 시도를 무산시키는 등 혁혁한 성과를 거뒀다. 따라서 박근혜 전 대표 입장에서는 '한나라당은 내가 주인'이라고 생각할 만한 충분한 근거가 마련돼 있었다. 그런 만큼 이명박 후보에게 패했다는 사실을 받아들이기는 결코 쉽지 않은 상황이었다. 하지만 역설적으로 당을 뛰쳐나가는 것도 여의치 않았다. 박근혜 전 대표로서는 그동안 애써 갈고 닦아놓은 한나라당이란 텃밭을 어디선가 갑자기 툭 치고 올라온 이명박 후보에게 송두리째 내줄 순 없었기 때문이었다.

한나라당 대선후보로 선출된 이명박 후보도 이 같은 정치적 역학구도를 굳이 외면할 이유가 없었다. 성장과 안보 담론에 대한 굳건한 지지가 입증된 이상 대선의 주요 공약도 이런 기조에 충실하게 준비하는 게 훨씬 효과적이었다. '연 7% 성장, 10년 후 국민소득 4만 달러 시대, 세계 7대 강국 진입'을 목표로 내건 이른바 '747 비전 공약'이 대표적이었다. 이명박 후보는 이미 2007년 3월 출판기념회에서 "온 국민의 에너지를 모으면 또 한 번의 신화 창조가 가능하다"며 경제성장에 대한 유권자들의 바람에 최대한 부응하겠다는 의지를 피력했고 대선후보로 선출된 이후에도 이 같은 정책 기조를 일관되게 밀어붙였다. 한반도 대운하 공약도 이런 흐름의 연장선상에서 나온 것이었다.

이명박 후보의 성장 담론 공약은 그가 대선에서 승리하는 데 커다란 밑거름이 됐다. 비록 이들 공약은 집권 후 추진 과정에서 수많은 정치·경제·사회적 논란을 낳았고 때론 국정 수행에 있어서 대통령의 발목을 붙잡는 요인이 되기도 했지만 적어도 2007년 대선 정국에서는 정책 경쟁에서의 주도권을 거머쥐고 유권자의 시선을 끌어 모으는 데 크게 기여한 게 사실이다. 야당의 책임성 측면에서 볼 때도 노무현 정부 시기의 야당이 견제와 저항에는 나름 성공했지만 대안을 제시하는 데 있어서는 미흡했다는 점에서 이명박 후보의 대선 정책 공약은 이를 일정 부분 보완해주는 역할을 수행했다고 볼 수도 있을 것이다. 이처럼 한나라당의 강력한 견제·저항과 이에 대한 열린우리당 등 범여권의 무기력한 대처 속에 17대 대선이 한나라당의 완승으로 끝나면서 노무현 정부도 결국 막을 내리게 됐다.

한국 정치,
야당의
길을 묻다

2부

———

이명박
정부와 야당

4장

이명박 정부 1기

1. '고소영·강부자' 논란과 야당의 반격

민심과 동떨어진 '1억 달러 내각'

17대 대선 결과 이명박 후보가 압승을 거두면서 한나라당은 드디어 '잃어버린 10년'의 야당 신세에서 탈출해 10년 만에 보수 집권 여당의 지위를 되찾았다. 반면 노무현 정부 시기의 여권은 잇단 분열 속에 정권 재창출에 실패하면서 다시 예전의 야당 위치로 되돌아가게 됐다. 구 여권은 기존의 지지층이 이미 사분오열된 상태에서 열린우리당 해체와 신당 창당을 거듭한 끝에 대통합민주신당이란 이름으로 17대 대선에 임했지만 노무현 정부의 실정에 맞서 수년째 강고히 다져진 한나라당 지지층의 벽을 넘지 못하고 패배의 쓴잔을 맛봐야만 했다. 특히 한나라당은 이명박 전 서울시장과 박근혜 전 한나라당 대표라는 두 명의 강력한 차기 주자를 보유하며 시종일관 대선 레이스를 주도했고, 선거 막판 박근혜 전 대표가 탈당과 대선 불복 대신 한나라당 잔류와 이명박 전 시장 지지를 표명하면서 17대 대선은 더 이상의 반전 없이 한나라당의 완승으로 끝났다.

이처럼 여야가 10년 만에 뒤바뀐 상황에서 노무현 정부의 실정을 등에 업은 이명박 정부는 대선 승리 직후 인수위원회 시기부터 노무현 정부의 기존 정책을 잇따라 백지화하고 성장 담론과 신자유주의 노선을 바탕으로 하는 새로운 보수 정부의 정책 기조를 선보이기 시작했다. 이른바 ABRAnything But Roh Moo-Hyun로 상징되는 이 같은 흐름은 노무현 정부의 경제 정책 실패에 대한 실망과 이명박 대통령 당선자의 성공 신화와 맞물려 국민적 기대감을 불러일으키기에 충분했다. 당시 정치권과 언론에서는 조지 W. 부시 미국 대통령이 전임자였던 빌 클린턴 전 대통령의 정책을 모두 폐기하고 새로운 정책 노선을 추진했던 ABCAnything But Clinton에 빗대어 이명박 당선자의 정책 기조를 'ABR'이라고 불렀다. 이명박 대통령 당선자도 '경제 살리기와 국민 통합'을 화두로 선진화, 친기업, 실용·보수 노선을 앞세우며 새 정부 구성에 본격 나섰다. 정책과 이념뿐 아니라 정부 조직 또한 '기업형 CEO 대통령 체제'로 탈바꿈해 나갔다. 총리실의 기능은 축소하고 부총리 제도를 폐지했다. 작고 효율적인 정부를 표방하며 18부4처의 중앙정부도 15부2처로 줄였다.

하지만 이명박 정부의 장밋빛 청사진은 그리 오래가지 못했다. 청와대 비서진과 장관 후보자 조각부터 엇나가기 시작했다. 고위공직자 후보 중 상당수가 이명박 대통령 당선자의 사적 인맥에 재력가들로 밝혀지면서 여론이 급격히 악화됐다. 여기에 이명박 대통령 당선자의

한국 정치, 야당의 길을 묻다

불도저식 밀어붙이기는 기름을 부은 격이 됐다. 이로 인해 대선 패배와 정권 재창출 실패의 충격에서 헤어나지 못하던 대통합민주신당도 숨을 돌리면서 전열을 정비할 수 있는 뜻하지 않은 기회를 갖게 됐고 이를 계기로 야당으로서 정부와 여당에 대항할 수 있는 발판을 마련할 수 있게 됐다.

이명박 정부와 민심의 엇박자는 인수위원회 때부터 불거지기 시작했다. 이경숙 인수위원장의 '어륀지' 발언이 대표적이었다. 이경숙 위원장은 1월 30일 영어 공교육 정상화 방안 공청회에서 영어 발음의 중요성을 강조하며 "미국에서 '오렌지'라고 했더니 아무도 못 알아듣다가 '어륀지'라고 하니 그제야 알아듣더라"며 "국립국어연구원의 외래어 표기법부터 수정 보완해야 한다"고 주장했다. 영어 공교육을 강화하는 정책 자체가 매우 획기적인 방안인 데다 학부모들에게는 더욱 민감하게 받아들여지는 사안인 만큼 충분한 사전 논의와 의견 수렴이 선행돼야 한다는 지적이 제기되는 상황에서 이경숙 위원장의 '어륀지' 발언은 적잖은 논란을 불러일으켰다. 게다가 이에 대해 이명박 대통령 당선자가 "반대를 위한 반대를 하고 있다"며 오히려 이경숙 위원장을 두둔하면서 분위기가 더욱 심상찮게 흘러가기 시작했다. 이후 이경숙 위원장의 '어륀지' 발언은 네티즌들의 잇단 풍자와 비판 속에 인수위원회 활동 두 달을 상징하는 단어가 돼버렸다.

민심 이반은 여기서 그치지 않았다. 청와대와 내각 인사 발표가 나자 '고소영'과 '강부자'라는 신조어가 급속히 회자되기 시작했다. 그 사이에 민주당과 전격 통합에 성공한 대통합민주신당도 당명을 통합민주당_{약칭 민주당}으로 바꾼 뒤 이명박 정부에 대한 본격적인 공세에 나섰다. 공격 포인트는 역시나 민심을 들끓게 하던 '고소영'과 '강부자'였다. 고소영은 이명박 대통령 당선자와 같은 고려대 출신에 소망교회 신도, 영남 출신의 앞글자를 딴 약자였다. 여기에 이명박 대통령 당선자가 서울시장 재임 시절 함께 일했던 인사들의 중용을 빗대어 'S 라인'이란 용어가 등장했고 둘을 합해 '고소영 S라인'이란 합성어까지 나왔다. 소망교회의 S, 고려대의 K, 영남의 Y를 더해 또 다른 'SKY 라인'이 득세한다는 비판도 제기됐다.

국회에서도 2월 20일 한승수 국무총리 후보자 인사청문회에서 서갑원 통합민주당 의원이 "청와대 수석 중에 충청과 호남 출신이 한 명도 없다"며 "고소영이라고 들어봤느냐"고 따져 물으면서 핫이슈로 급부상했다. 여기에 2월 21일 이명박 정부 첫 장관 후보자 15명의 재산·납세 현황이 공개되면서 민심은 더욱 싸늘하게 변했다. 이들의 재산 현황을 분석한 결과 '최소 2채 이상 보유 주택 중 하나는 강남에 있고, 부동산을 주요 재산으로 삼아 평균 40억 원을 보유한 재산가'인 것으로 밝혀졌기 때문이었다. 장관 후보자들은 평균 3.5채의 주택을 소유하고 있었고 15명 전원이 종합부동산세 과세 대상이었다. 이명박 대통령 당선자와 총리·장관 후보자들의 재산을 모두 합할 경우 962억 원에 달하는 것으로 집계되면서 '1억 달러 내각'이란 말까지 등장했다.

인터넷에서는 곧장 '강부자' 정권이란 비판이 나오기 시작했다. 강남에 집이 있고, 부동산 부자인 데다, 자녀 명의 부동산까지 보유한 장관 후보자들을 빗댄 풍자였다. 여기에 강남에 금싸라기 땅을 실제로 소유하고 있다고 해서 '강금실' 내각이란 신조어까지 가세했다. '강부자'

와 '강금실' 파문이 확산되면서 '고소영' 논란과 관련해서는 좀 더 지켜보자던 중도 성향의 민심까지도 급격히 악화되기 시작했다. 특히 이명박 대통령에게 표를 몰아줬던 민심의 기저에는 경제 회복에 대한 기대가 크게 담겨 있었다는 점에서 '강부자' 조각 인사로 대변되는 '그들만의 잔치'에 대한 국민들의 실망과 배신감은 그만큼 클 수밖에 없었다.

그럼에도 불구하고 여전히 대선 승리의 축배에 취해 있던 이명박 대통령 당선자와 측근들은 상황의 심각성을 좀처럼 파악하지 못했다. 당장 이명박 대통령 당선자 대변인을 맡고 있던 주호영 의원은 "단순히 재산이 많다는 것만으로 비난 받을 이유는 없다. 어느 교회 출신이란 이유로 오히려 불이익을 받은 경우도 적잖다. 인사 논란과 관련해 오해를 받는 게 억울하다"고 주장해 국민의 눈높이와는 한참 동떨어졌다는 비난을 샀다. 한발 더 나아가 박은경 환경부 장관 후보자는 민주당의 투기 의혹 제기에 "자연의 일부인 땅을 사랑한 것일 뿐 투기와는 상관없다"는 해명을 내놓았고, 남주홍 통일부 장관 후보자는 "부부가 교수를 25년 동안 했는데 둘이 합해 재산 30억 원은 다른 사람에 비하면 양반인 셈"이라고 당당히 반박하고 나서면서 논란을 더욱 부채질했다.

야당의 공세와 지지도의 한계

민심을 외면하는 이명박 대통령 당선자와 장관 후보자들의 행보는 야당인 민주당에겐 예상치 못한 호재였다. 그렇잖아도 대선 패배의 충격에서 헤어날 틈도 없이 곧바로 4월 총선을 치러야 하는 상황에서

'견제야당론'을 최대한 부각시켜야 할 민주당에게 장관 후보자 인사청문회는 대통령과 새 정부를 견제할 수 있는 최적의 수단이었다. 민주당 지도부도 연일 '고소영'과 '강부자'를 전면에 내세우며 대여 공세에 나섰다. 손학규 대표는 "장관 후보자 명단이 부동산 투기자 단속 명단이 아니냐는 얘기까지 나올 정도"라고 비판했고, 우상호 대변인도 "왜 하필 땅부자로만 첫 내각을 구성했는지 이유를 밝히라"고 가세했다. 최재성 원내대변인은 김경한 법무부 장관 후보자와 김성이 보건복지가족부 장관 후보자 인사청문회와 관련해 "청문회를 보니 투기 능력만 장관급이고 정책 능력은 인턴급으로 드러났다. 한쪽 눈을 감고 봐도 부적격이고 두 눈을 감고 봐도 부적격"이라며 "이제 공은 이명박 대통령에게 넘어 갔다. 민심을 잘 읽고 판단하라"고 압박했다.

민주당은 이에 더해 이명박 대통령이 신설되는 방송통신위원회 초대 위원장으로 최시중 씨를 내정한 것과 관련해 '형님 인사'를 즉각 철회하라며 공세 수위를 한층 높였다. 김현 민주당 부대변인도 논평을 내고 "최시중 씨는 이명박 선대위의 6인 회의 멤버로, 이명박 대통령의 측근 중 측근인 이재오 전 최고위원조차 형님 대접하는 분"이라며 "고소영 내각에 형님 인사까지 갈수록 태산"이라고 비난했다. 여기에 천주교 정의구현사제단이 이종찬 청와대 민정수석과 김성호 국가정보원장 내정자 등을 삼성그룹 로비 대상으로 지목하자 '삼성 떡값' 논쟁까지 불붙으면서 민심은 더욱 악화됐다.

실제로 경향신문이 이명박 정부 출범을 맞아 현대리서치연구소에 의뢰해 여론조사를 벌인 결과 이명박 정부의 국정 운영을 긍정적으로 평가하는 국민은 절반에도 미치지 못하는 것으로 나타났다. 응답자의 49.1%만 잘하고 있다고 평가할 뿐이었고 잘못하고 있다는 응답은 33.3%에 달했다. 이명박 대통령 당선자의 조각 인사에 대한 평가는 더욱 각박했다. 응답자의 49.8%가 잘못하고 있다고 답해 잘하고 있다는 응답35.6%보다 14.2%포인트나 많았다. 인수위 활동에 대해서도 부정적 평가가 45.8%로 긍정적 평가39.0%보다 많았다.

한국갤럽 조사에서도 '조각 이후 이명박 대통령 이미지가 어떻게 변했느냐'는 질문에 응답자의 45.2%가 나빠졌다고 답했다. 좋아졌다는 답변은 20.3%로 나빠졌다는 답변의 절반도 되지 않았다. 이명박 대통령에 대한 직무수행 평가에서도 52.0%만 잘했다고 답했다. 이는 역대 대통령의 취임 직후 평가 중 최저 수준이었다. 한나라당이 야당이던 시절 김대중 대통령의 취임 직후 지지도가 92.5%에 달했고 당선 직후부터 논란에 휩싸였던 노무현 대통령의 취임 한 달 지지도조차 67.0%나 됐던 것과 비교해볼 때 이명박 정부는 시작부터 국민 절반의 신뢰를 상실한 상태에서 국정을 떠맡게 된 셈이었다. 여기에 민주당이 '고소영'과 '강부자' 등 여론의 비난을 대여 공세에 적극 활용하면서 결국 이명박 정부는 출범도 하기 전에 장관 후보자 세 명이 각종 비리 의혹으로 낙마하는 수모를 겪어야 했다. 또한 여야 대치 속에 정부조직법이 제때 통과되지 못함에 따라 다른 장관 후보자들도 정식 임명되지 못하면서 이명박 대통령은 그토록 지우고 싶어 했던 노무현 정부의 장관들과 불편한 동거를 하지 않을 수 없게 됐다.

그럼에도 이명박 대통령은 여기서 물러서지 않고 이른바 친재벌 선진화 정책을 계속 밀어붙였다. 김대중·노무현 정부 10년간 야당 생활을 하다가 이제야 정권을 잡았는데 새 정부가 출범도 하기 전부터 첫 내각 인선과 정책 노선을 수정하며 여론과 야당에 밀리는 모습을 보이고 싶지는 않았던 것이었다. 게다가 향후 4년의 의회권력이 결정되는 4·9 총선을 코앞에 둔 상황에서 정국의 주도권을 섭사리 내줄 수만은 없었다. 하지만 이명박 정부의 이 같은 태도는 오만과 독선으로 비춰졌고 국민의 불신만 키우는 결과를 초래했다. 또한 이러한 민심의 기류는 이후 광우병 파동에 따른 대규모 촛불집회로 이어지는 직접적인 단초가 됐다.

이는 야당으로 입장이 바뀐 민주당에게도 호재로 작용했다. 이명박 정부에 대한 민심이 비판적으로 바뀌면서 대통령과 여당에 대한 견제와 저항 노선을 전개하기가 한결 용이해졌기 때문이었다. 야당의 책임성 측면에서 보더라도 민심을 등에 업은 견제와 제재는 성공할 확률이 훨씬 높아지기 마련이었다. 게다가 이명박 정부 출범 당시의 상황은 5년 전 노무현 정부 출범 때와 매우 흡사했다. 당시 야당이던 한나라당은 1997년에 이어 2002년 대선에서 또다시 패한 뒤 전의를 상실해가던 상황이었지만 여권 내부의 갈등과 분열이 끊이질 않으면서 예기치 않은 반등의 계기를 잡을 수 있었다. 마찬가지로 2008년 이명박 정부 출범을 앞두고도 여권의 자충수가 잇따르면서 민주당은 회생의 계기를 마련할 수 있게 됐고 총선을 앞두고 '견제론'을 전면에 내세울 수 있는 발판을 확보할 수 있게 됐다. 또한 이는 야당의 책임성은 물론 대통령과 집권 여당의 책임성 또한 여론의 지지와 국민적 공감대 확보가 필수적인 선행 요건임을 재확인시켜주는 사례가 됐다.

문제는 이명박 정부의 실정과 민심 이반이 민주당에 대한 지지로 곧바로 연결되지는 않았다는 점이다. 이명박 대통령 취임 직후인 3월

2일 실시된 한국갤럽 여론조사에서도 '4월 총선에서 어느 당 후보가 당선되길 원하느냐'는 질문에 응답자의 52.9%가 한나라당을 꼽았다. 민주당을 선택한 응답자는 15.0%에 불과했다. 이명박 정부의 밀어붙이기식 국정 운영에는 반대 입장을 분명히 하면서도 야당인 민주당의 손은 선뜻 들어줄 수 없다는 게 당시 민심의 흐름이었다. 이는 지난 5년간 집권 여당의 성적표에 대해 대선에서 표로 심판했던 민심이 새 정부에 대한 실망 때문에 쉽사리 바뀌지는 않는다는 것을 보여주는 지표이기도 했다. 이런 흐름은 2008년 5월 시작된 대규모 촛불집회에서도 여실히 드러났다. 반정부 시위가 3개월간 지속되는 가운데서도 야당의 존재감이 매우 미약했던 모습은 견제와 저항이란 야당의 책임성 측면에서 볼 때 민주당에 적잖은 숙제를 안겨주기에 충분했다. 또한 민주당에 대한 이 같은 여론의 신뢰 부족은 이어지는 4·9 총선에도 직접적인 영향을 미쳤다.

2. 18대 총선과 의회 권력의 재편

민주당의 '개혁 공천'과 견제야당론

2008년 4월 9일 실시된 18대 총선은 이명박 정부가 출범한 지 두 달도 채 되지 않은 시점에 치러지는 선거인 데다 향후 4년간 의회 권력의 향배가 달려 있다는 점에서 여야 모두 물러설 수 없는 선거였다. 특히 민주당으로서는 17대 대선 패배의 후유증이 가시기도 전에 또다시 전국 단위 선거를 맞이하게 됐다는 점에서 결코 쉽지 않은 상황 속에서 선거를 치러야 했다. 하지만 대선과 총선의 시기가 이처럼 근접해 있는 것은 민주당에겐 구조적으로 극복하기 힘든 정치 일정이었다. 민주화 이후 총선이 대부분 대통령과 집권 여당을 견제하는 중간 평가적 시점에 치러지면서 야당에게 유리한 국면이 조성됐던 것과 비교해 볼 때 민주당은 근본적인 악조건 속에서 18대 총선 국면을 돌파해야만 했다.

일반적으로 대통령제 민주주의 국가의 경우 대통령 선거와 국회의원 선거가 동시에, 또는 시기적으로 근접해 실시될 경우 총선은 대선 결과를 추인하는 선거가 되기 쉽다는 게 정치학계의 중론이다. 그런 만큼 18대 총선은 다른 어떤 총선보다 불확실성이 낮았던 선거였고 선거에 대한 유권자의 관심도 낮을 것으로 예상됐다. 또한 총선 결과도 대선 결과와 크게 다르지 않을 것으로 전망됐다. 정치권에서는 한나라당이 대선 승리의 기세를 몰아 200석 이상의 의석을 얻을 것이란 관측도 적잖게 제기됐다. 반면 민주당 등 야권은 개헌 저지선인 100석을 과연 확보할 수 있을 것이냐가 제1의 관심사로 떠오를 정도로 기세가 크게 꺾인 상태였다.

그런 가운데서도 야권은 인수위원회의 잇단 설화와 이명박 정부 첫 조각 인사 파문 등에 힘입어 전열을 정비할 수 있는 시간적·심리적 여유를 갖게 됐고, 이후 여당인 한나라당의 안정론에 견제론으로 맞불을 놓으며 총선 준비에 나섰다. 야권은 내부 정비 작업부터 착수했다. 2008년 1월 10일 대통합민주신당 중앙위원회는 손학규 전 지사를 새로운 당대표로 추대했다. 더 나아가 한나라당을 견제하기 위해서는 야권 통합이 필수 선행조건이란 당 안팎의 요구에 따라 민주당과 통합 협상에 나선 끝에 2월 11일 통합민주당으로 당 대 당 통합을 성사시켰다. 2003년 열린우리당과 민주당으로 분열된 지 4년 5개월여 만의 재결합이었다.

새롭게 출범한 민주당이 첫 번째로 내건 카드는 이른바 '공천 혁명'이었다. '선거 승패의 절반은 공천에 달렸다'는 판단에 따라 '물갈이 개혁 공천'을 통해 국민적 신뢰와 기대감을 최대한 높이겠다는 구상이었다. 민주당은 이를 위해 박재승 전 대한변호사협회장을 공천심사위원장으로 위촉하고 공천심사위원에 외부 인사를 7명이나 선임한 뒤 이들에게 전권을 부여했다. 민주당의 이 같은 전략은 일정 부분 성과를 보는 듯했다. 박재승 위원장은 첫 기자간담회부터 "공천 과정에서 계파나 지역 안배는 철저히 배제하겠다. 국민의 뜻이 무엇인지를 최후의 가치로 삼겠다"며 정치적 배려 없이 원칙에 따라 공천할 방침임을 강하게 시사했다.

실제로 박재승 위원장은 금고 이상의 형이 확정된 인사들은 예외 없이 공천 대상에서 배제하기로 결정하면서 파문을 불러일으켰다. 이 원칙을 적용할 경우 당장 총선기획단장을 맡은 신계륜 사무총장을 비롯해 박지원·김홍업·정대철·이상수·안희정·이광재·김민석 등 당내 유력인사 상당수가 공천을 받지 못하게 되기 때문이었다. 당사자들의 반발은 물론이고 민주당 최고위원회의에서도 "원칙은 지키되 억울한 사람은 없어야 한다. 개인 비리가 아닌 경우 탄력적으로 적용해야 한다"며 이른바 '선별구제론'을 강하게 제기했지만 박재승 위원장은 요지부동이었다. 결국 민주당 공천 기준이 박재승 위원장이 내놓은 원안대로 확정되면서 민주당은 순식간에 격랑에 휩싸이게 됐다.

반면 이 같은 결정에 여론이 매우 호의적인 것으로 나타나면서 민주당 지도부 입장에서는 당초 기대했던 개혁 공천의 목표를 어느 정도 달성했다고 판단할 만했다. 중앙일보 긴급 여론조사에서도 박재승 위원장이 금고형 이상 전력자를 공천에서 배제키로 한 데 대해 응답자의 88.5%가 잘한 일이라도 답했다. 이번 결정으로 민주당 이미지가 좋아졌다는 응답도 34.5%나 됐다. 또 전체 응답자의 49.4%가 이번 결정이 민주당 총선 결과에 유리하게 작용할 것으로 전망했다. 게다가 대부분의 언론도 "동네북 민주당이 모처럼 찬사를 받고 있다"며 민주당발 공천을 긍정적으로 평가하면서 민주당의 견제야당론은 한층 탄력을 받기 시작했다.

하지만 이에 대한 우려와 반론 또한 적잖았다. 무엇보다 공천심사위원 중 외부인사의 비중을 높이고 공천심사위에 사실상 전권을 부여한 것은 정당정치의 근간을 훼손하는 것이란 비판에서 자유로울 수 없었다. 외부 심사위원들이 공천 기준을 결정하는 데 있어 객관성만 강조하다 보면 현실과는 다소 동떨어진 무리한 결과가 도출될 수 있다는 점도 단점으로 지적됐다. 공천심사위에 전권이 주어지다 보니 2002년 이후 확대되던 경선을 통한 상향식 공천이 사라지고 하향식 공천이 다시 부활하게 된 것도 문제점으로 제기됐다.

더 나아가 물갈이 개혁 공천을 내세웠지만 민주당의 낮은 지지도와 인물난 탓에 결과적으로 호남을 제외하고는 10~20%대의 낮은 교체율에 머물러 현역 물갈이가 용두사미에 그치고 말았다는 지적도 제기됐다. 최대 승부처인 수도권의 경우 '대안 부재론'이 힘을 얻으면서 대부분의 현역 의원들이 다시 공천을 받게 되자 개혁 공천의 원칙이 퇴색했다는 비판이 나오기도 했다. 민주당 지지율이 20% 안팎으로 구조화돼 있는 상황에서 개혁 공천이나 견제론은 필요조건일 뿐이며 한계가 뚜렷한 만큼 견제론 이상의 구체적 비전을 내놓고 이를 바탕으로 국민 다수를 설득해야 한다는 조언도 곁들여졌다.

공천 논란은 한나라당도 예외가 아니었다. 민주당의 개혁 공천이 쇄신 이미지를 통해 국민적 신뢰를 되찾기 위한 방편이었다면, 한나라당의 공천 갈등은 친이계와 친박계의 주도권 경쟁이 근본 원인이었다. 새롭게 정권을 거머쥔 친이계가 그동안 한나라당 내부의 주류를 형성해온 친박계를 몰아내고 행정부는 물론 의회도 장악하기 위해 총선 공천이란 무기를 최대한 활용하기로 하면서다. 2008년 1월 29일 한나라당 공천심사위원회는 부정부패 정치인을 공천에서 배제한다는 당규를 원칙대로 적용하기로 결정했다. 다분히 친박계 중진들을 겨냥한 행보였다. 박근혜 전 대표와 친박계가 강하게 반발했지만 친이계 위주로 구성된 공천심사위원들은 예정대로 공천을 진행해 나갔다. 그 결과 지역구 공천자 중 친이계는 157명인 데 비해 친박계는 44명에 불과한 것으로 집계됐다.

공천에서 탈락한 친박계 의원들은 곧바로 한나라당을 탈당해 일부는 '친박연대'를, 또 다른 일부는 '친박 무소속 연대'를 결성해 총선에 나섰다. 박근혜 전 대표도 "정당정치를 뒤로 후퇴시킨 무원칙한 공천의 결정체"라며 "저도 속고, 국민도 속았다"고 비판했다. 특히 '저도 속고, 국민도 속았다'는 발언은 친이계와 친박계 갈등을 상징적으로 압축하는 문장으로 총선 기간 내내 널리 회자됐다. 이와 별도로 한나라당 소장파 의원 55명이 이명박 대통령의 친형인 이상득 의원의 공천에 강하게 반발하며 이 의원의 총선 불출마와 국정 관여 중지를 촉구하고 나서면서 친이계 내부의 헤게모니 다툼도 표면화됐다. 이 같은 당내 분란에 대해 여론의 비판이 가중되는 가운데 박근혜 전 대표가 "총선 지원 유세 계획이 없다"며 지원 유세 보이콧을 선언하면서 총선을 코앞에 두고 한나라당 안팎에서 위기론이 확산되기 시작했다.

박근혜에게 빼앗긴 제1야당의 위상

실제 여론도 심상찮게 흘러갔다. 한국갤럽이 3월 29일 실시한 여론조사에서 '어느 당 후보가 더 많이 당선되는 게 좋다고 생각하느냐'는 질문에 49.1%가 민주당 등 야당을 꼽았다. 한나라당을 선택한 응답자는 36.4%였다. 3월 2일 한국갤럽이 실시한 같은 내용의 여론조사에서 한나라당이 52.9%를 얻은 것과 비교해볼 때 무려 16.5%포인트나 급감한 수치였다. 이는 인수위부터 새 정부 조각까지 이어지는 이명박 정부의 잇단 실정에 한나라당 내 친이계와 친박계의 공천 갈등이 더해진 결과라는 분석이 지배적이었다. 여기에 개혁 공천 등으로 쇄신 노력을 기울이려는 민주당에 대한 긍정적 반응이 반영된 결과라는 평가도 나왔다. 불과 석 달 전만 해도 530여만 표 차이로 대선에서 기록적인 참패를 당했던 민주당으로서는 상전벽해나 다름없는 정치적 급변 상황을 맞이한 셈이었다. 손학규 대표도 총선 출정식에서 "1% 부자정당의 오만과 독선을 막기 위해 건전한 견제 세력인 민주당에 힘을 몰아 달라. 이명박 정부는 3개월 동안 국민에게 고소영·강부자 내각을 줬지만 이제 민주당이 국민들에게 희망을 드리겠다"며 견제 야당론으로 승부수를 띄웠다.

하지만 여기까지가 현실적 한계였다. 대선에 바로 뒤이어 110여 일 만에 치러지는 총선에서 기울어진 민심을 되찾아오기는 결코 쉽지 않았다. 민주당은 견제론을 내세우며 한나라당의 안정론에 맞섰지만 오히려 이로 인해 정책 선거는 실종되고 대선에 이어 선거 구도 중심의 선거가 또다시 재현되면서 한계를 노출할 수밖에 없었다. 이는 야당의 책임성 측면에서 볼 때 견제를 통한 반사이익만으로는 소기의 성과를 기대하기 힘들며, 정책적 대안을 내놓고 국민들의 적극적인 지지를 이끌어내야 비로소 야당의 책임성에 합당한 결과를 얻어낼 수 있다는 가설과도 맥을 같이하고 있다.

총선 결과 한나라당은 153석을 차지하며 과반 의석을 확보하는 데 성공했다. 통합민주당이 얻은 81석에 비해 두 배 가까이 많은 숫자였다. 물론 한나라당 의석수는 당초 기대치를 상당히 밑도는 수치였다. 실제로 18대 총선은 4년 전 17대 총선과 매우 유사한 환경 속에서 치러진다는 점에서 선거 결과에 관심이 집중됐다. 17대 총선을 앞두고 탄핵 후폭풍이 강하게 불면서 한나라당은 최대 위기에 봉착한 반면 여당인 열린우리당은 여론조사 결과를 의석수로 환산해볼 때 200석 넘게 차지할 것으로 기대됐다. 하지만 선거 결과 열린우리당은 152석을 얻어 가까스로 과반을 확보하는 데 그쳤다. 이와 마찬가지로 18대 총선 또한 이명박 대통령의 대선 완승 직후에 치러진다는 점에서 한나라당의 압승이 예상됐지만 결과는 17대 총선 때 당시 여당인 열린우리당이 얻은 의석수와 단 한 석 차이만 날 뿐이었다.

하지만 선거 결과를 좀 더 들여다보면 범여권 의석수가 당초 기대치를 결코 밑돌지 않았음을 알 수 있다. 한나라당 153석에 친박연대

14석과 친한나라당 성향 무소속 15석 등 친이계의 공천 배제에 반발해 탈당한 친박계 의원들이 대거 당선된 숫자까지 합할 경우 182석이나 되기 때문이었다. 여기에 범보수 진영으로 분류되는 자유선진당 18석을 더하면 200석에 달했다. 이 같은 결과는 17대 총선에서 한나라당121석과 자민련4석을 합해 125석에 그쳤던 것과 비교할 때 진보에서 보수로 의회 권력이 확실히 이동했음을 보여주고 있다. 내용면에서도 한나라당은 2006년 15대 총선을 제외하고는 1987년 이후 대선과 총선에서 한 번도 승리하지 못했던 서울에서 지역구 48석 중 40석이나 차지하는 등 적잖은 성과를 거뒀다.

반면 진보·개혁 세력은 17대 총선 때 162석에서 95석으로 급감했다. 민주당 81석에 민주노동당 5석, 창조한국당 3석, 친민주당 성향 무소속 6석을 더한 수치다. 이는 1996년 15대 총선에서 당시 국민회의와 민주당이 얻은 의석이 94석이었다는 점에 비춰볼 때 진보·개혁 세력 의석수가 12년 만에 선거에 의한 정권교체를 경험하기 이전으로 되돌아간 것으로 볼 수 있다. 또한 이는 외환위기나 탄핵과 같은 특별한 변수가 없는 한 진보·개혁 세력이 얻을 수 있는 현실적인 의석수를 보여주는 수치라는 점에서 민주당이 향후 이명박 정부에 대항해 야당의 역할과 책임을 수행하는 데 있어 적잖은 고민거리를 던져주는 결과이기도 했다.

18대 총선의 또 다른 특징은 기록적으로 낮은 투표율이었다. 선거 결과 투표율이 46.1%로 전국 단위 선거에서 헌정 사상 최저 투표율을 기록했다. 17대 총선 때 60.6%보다 14.5%포인트나 급감한 수치다. 총선 투표율이 50% 밑으로 내려간 것도 처음이었다. 지방선거에서도

2002년 48.9%가 최저 투표율이었다. 이에 대한 원인으로는 대선 직후에 치러지는 선거다 보니 대선과 뚜렷이 차별화되는 이슈를 찾기 힘들었다는 점이 첫손에 꼽힌다. 비록 이명박 정부 초기의 인사 논란과 공천 파동에 민주당의 견제론이 급부상했지만 대선의 그늘을 벗기엔 한계가 있었다는 평가다. 게다가 정당 공천도 지나치게 늦게 진행되면서 후보들이 지역구에서 충분한 홍보 시간을 갖지 못했고, 이로 인해 유권자들이 후보자들을 충분히 검증할 시간을 갖지 못했던 점도 유권자들의 낮은 관심도와 최저 투표율로 이어지는 주된 요인이 된 것으로 분석됐다. 이처럼 유권자들의 관심도가 떨어지는 상황에서는 야당의 견제론이 먹혀들기가 결코 쉽지 않았다.

민주당의 더욱 근본적인 문제는 야당으로서의 존재감이 위협받고 있다는 점이었다. 이명박 정부가 출범하고 18대 총선을 치르는 과정 속에서 어느새 '여당은 이명박, 야당은 박근혜'라는 대립 구도가 국민들 뇌리에 깊이 새겨지게 됐기 때문이었다. 대의민주주의와 정당정치라는 구조적 측면에서 볼 때 제1야당의 지위는 엄연히 민주당이 차지하고 있었다. 그럼에도 불구하고 이명박 대통령과 친이계가 장악한 여당에 가장 강력히 저항하는 정치인과 정치세력으로 박근혜 전 대표와 친박계가 자리매김하면서 현실 정치에서는 박근혜 전 대표가 사실상 제1야당의 지도자로 인식되는 이례적인 현상이 발생하게 됐다. 이로 인해 민주당의 존재감은 군소야당의 미미한 존재감 수준으로 축소될 수밖에 없었다. "저도 속고, 국민도 속았다"는 박근혜 전 대표의 말 한마디가 가져온 거대한 착시효과와 다름없었다. 이처럼 노무현 정부에서 제1야당 대표를 맡았던 박근혜 전 대표가 이명박 정부 들어서도 야당 지도자의 위치를 거머쥠에 따라 집권 여당에서 10년 만에 다시 야당으로 돌아온 민주당으로서는 야당의 책임성 확보가 한층 힘들어지는 상황에 처하게 됐다.

3. 촛불집회와 야당의 위기

18대 총선에 과반 의석 확보에 성공한 한나라당과 이명박 정부는 조각 파문 등에 따른 정치적 충격을 뒤로 하고 실용·보수 노선의 정책을 본격 추진하고자 했다. 하지만 촛불집회라는 전혀 예기치 않았던 파도에 맞닥뜨리며 또다시 휘청거리게 됐다. 이로 인해 대통령실장이 교체되고 정책 기조도 새롭게 바꿔야 하는 상황에 처하면서 이명박 정부는 출범 5개월 만에 1기를 서둘러 마감하고 2기를 맞이할 수밖에 없게 됐다. 직선제 역사상 가장 큰 득표 차이로 이명박 대통령이 당선된 데다 민주화 이후 처음으로 여당인 한나라당이 총선에서 과반 의석을 획득한 직후에 이 같은 반전이 이뤄졌다는 점에서 정치사적으로도 결코 흔치 않은 사례라 할 수 있다. 더욱이 취임 전부터 논란이 끊이질 않았던 노무현 정부도 출범 1년 1개월여 뒤에 탄핵에 직면한 것과 비교할 때 행정부와 입법부를 완전히 장악한 이명박 정부가 출범 5개월 만에 민심에 굴복했다는 점은 시사하는 바가 작지 않다.

2008년 5월부터 3개월여 동안 진행된 촛불집회는 이후 한국의 정치·사회 각 분야에서 중요한 변곡점으로 작용했다. 무엇보다 집회 전개 방식과 의제 설정에서부터 참가자의 다양성과 자발적 동참까지 기존 집회의 성격과는 판이한 양상을 보였다. 이명박 정부가 미국산 쇠고기 수입 개방을 결정한 게 촛불집회의 발단이 된 것도, 촛불집회가 3개월 넘게 이어지며 연인원 93만 2,000여 명이 참가하는 매머드급 시위로 확대된 것도 전혀 예상치 못한 사태의 전개 양상이었다. 이명박 정부는 쇠고기 수입 재협상을 요구하는 초기 촛불집회 참가자들의 요구를 광우병 괴담일 뿐이라고 일축했지만 이는 오히려 불에 기름을 부은 모양새가 되면서 결과적으로 위기를 자초한 꼴이 되고 말았다.

정부 발표에도 불구하고 미국산 수입 쇠고기에 대한 불신과 광우병에 대한 우려가 확산되는 가운데 2008년 5월 2일 인터넷 카페인 '이명박 탄핵을 위한 범국민운동본부'가 주최한 쇠고기 수입 반대 1차 촛불문화제가 청계천에서 처음 열렸다. 기존의 제도 정치권에서는 전혀 주목하지 않았던 이 집회에는 무려 1만여 명이 참가했다. 대통령 탄핵에 서명한 네티즌은 5월 5일 100만 명을 넘어섰다. 5월 6일에는 1,700여 개 시민단체와 인터넷 커뮤니티가 참여한 '광우병국민대책회의'가 결성됐다. 첫 촛불집회가 열린 지 불과 나흘 만에 촛불이 횃불이 돼 전국을 강타하기 시작한 셈이다. 촛불집회는 6월 10일 100만 촛불 대행진과 7월 5일 비폭력 평화행진으로 절정에 달했다. 지속 기간이나 참가 인원에서 1987년 6월 민주항쟁 이후 20여 년 만의 최대 규모 시위였다. 이 또한 이명박 정부는 물론 초기 촛불집회 참석자들조차 전혀 예상하지 못한 결과였다.

무엇보다 집회의 성격과 참석자 면면이 이전 시위와 확연히 달라졌다는 점이 눈에 띄었다. 대학생이나 노조원들이 대부분이던 기존 집회와 달리 광우병 촛불집회에는 10대 중고생과 직장 여성들이 대거 참여했다. 가족 단위 참석자들도 적잖았다. 유모차를 끌고 나와 손팻말을 들고 있는 아이 엄마의 사진은 촛불집회의 달라진 모습을 단적으로 보여주는 상징이 됐다. 이슈 또한 이념, 민주화, 반정부 등이 주된 화두였던 기존 시위와 다르게 '밥상 메뉴'가 시위의 도화선이 됐다는 점에서 전례가 없었다. 특히 정당이나 사회단체가 시위 참가자들을 동원하고 조직화했던 이전의 시위 양상과 달리 촛불집회는 인터넷 포털사이트 다음의 아고라 등 인터넷 토론 커뮤니티가 정보의 생산·공유·확산의 주된 통로로 기능하고 이를 통해 자발적인 시민 참여가 이뤄졌다는 점에서 가히 획기적인 사건으로 받아들여졌다.

학계에서도 참여민주주의와 생활민주주의의 표현이자 현대적 민주주의로의 전환[2]이라고 평가하거나 여성·인터넷·디지털 측면을 집중 조명하는 등 촛불집회에 대한 다양한 분석이 이뤄졌다. 초기 쇠고기 수입 재협상 요구로 시작한 촛불집회 참가자들의 구호가 이명박 정부 퇴진은 물론 교육 자율화 반대, 보수언론 불매, 공기업 민영화와 대운하 반대 등 정치·경제·사회 분야의 현안을 망라하게 된 것은 기존의 정치균열이 새로운 영역과 형태로 확대되고 있음을 보여주는 것이란 주장도 제기됐다.[3] 실제로 서강대 현대정치연구소가 촛불집회 참가자들에게 집회 참석 이유를 물은 결과 촛불집회의 시발점이 됐던 미국산 쇠고기 재협상을 관철시키기 위해서라는 응답은 20.3%에 불과했다. 나머지 79.7%는 정부와 대통령에 대한 분노를 표현하기 위해, 이명박 대통령의 다른 정책도 저지하기 위해, 이명박 대통령을 탄핵하기 위해 참석했다고 답변했다.

이는 이명박 정부의 미국산 쇠고기 수입 결정이 촛불집회의 직접적인 계기가 되긴 했지만 수많은 시민들을 광장에 모이게 한 근본적인 원인은 아니었음을 보여주고 있다. 이명박 대통령은 집권 초기부터 편파적인 고위공직자 임명, 일방적인 대운하 사업 추진, 부적절한 교육 정책 등을 밀어붙이며 그를 선택했던 유권자들을 실망시켰다. 실제로 이명박 대통령 당선과 한나라당 총선 승리의 가장 큰 요인 중 하나는 노무현 정부 업적과 경제 실정에 대한 회고적 평가였다. 국민 대다수가 노무현 정부의 경제 성과와 통치 스타일에 부정적 판단을 내렸기 때문에 연이은 두 번의 선거에서 한나라당이 승리할 수 있었다. 이는 국민 다수가 좀 더 나은 대통령의 직무 수행과 경기 회복을 기대했기 때문에 보수 야당을 선택한 것이지 보수 정책으로의 회귀를 전적으로 지지한 것은 아니라는 추론을 가능케 한다. 그럼에도 이명박 정부가 국민과의 소통을 통한 합의 도출 과정을 생략한 채 ABR 노선에 따라 논란이 될 만한 정책들을 잇따라 추진하자 민심이 급격히 등을 돌리게 됐다.

이 같은 추세는 여론조사에서도 확연히 드러나고 있다. 촛불집회 전부터 하락세를 면치 못하던 이명박 대통령 지지도는 촛불집회가 본격화하면서 더욱 큰 폭으로 떨어졌다. 급기야 이명박 대통령 취임 100일을 맞아 중앙일보가 실시한 여론조사에서는 19.7%를 기록하며 20%선마저 무너졌다. 전망도 비관적이었다. '앞으로 잘할 것'이란 응답은 46.6%였던 데 비해 '잘할 것이란 기대가 없다'는 응답은 절반이 넘는 52.4%에 달했다. 대통령 지지도는 촛불집회가 시작된 지 거의 석 달이 지난 7월 말 한국사회여론연구소KSOI 조사에서도 18.5%에 머물렀다. 두 번에 걸친 이명박 대통령의 직접 사과와 해당 부처 장관의 교체, 대통령실장 등 청와대 비서진의 전면 개편 등의 후속 조치를 내놨지만 민심을 회복하기엔 이미 역부족이었고 이로 인해 그토록 갈 망하던 보수 정책으로의 전환도 축소 또는 중단할 수밖에 없게 됐다. 여당인 한나라당 또한 직격탄을 맞으면서 지지도가 20%대까지 추락 했다. 한국갤럽이 6월 28일 실시한 정당 지지도 조사에서 한나라당은 29.8%를 기록했고 이후에도 한동안 지지도는 반등하지 않았다.

촛불집회가 주는 시사점은 크게 두 가지로 요약할 수 있다. 첫째는 아무리 압도적인 지지를 받은 대통령과 집권 여당이라 할지라도 고위 직 인선을 하거나 주요 정책을 추진할 경우 국민의 동의를 충분히 확 보해야 한다는 사실을 재확인시켰다는 점이다. 이는 야당의 책임성은 물론 대통령과 여당의 책임성 또한 여론의 지지와 국민적 공감대 확 보가 필수 선행요건임을 보여주는 사례라 할 수 있다. 6월 28일 한국 갤럽 조사에서도 이명박 대통령을 부정적으로 평가하는 이유에 대해 '국민의 소리를 듣지 않아서'라는 응답이 39.6%로 가장 많았다. 오늘 날 대의민주주의 정치 체제에서 정당의 책임성을 확보하기 위해서는 여야를 불문하고 국민의 신뢰가 반드시 뒷받침돼야 한다는 기본 명제 가 촛불집회에 모인 참가자 수와 여론조사 결과 등 각종 수치를 통해 입증된 셈이다.

둘째는 야당의 책임성과도 직결되는 문제로, 촛불집회가 사상 최대 규모로 진행되면서 역설적으로 야당인 민주당 또한 이명박 정부 못지 않은 위기에 직면하게 됐다는 점이다. 현대 민주주의의 핵심은 정당 과 선거 등 대의제 제도이며 그 속에서 정당은 유권자들의 뜻을 최대 한 수렴하며 지지를 획득해 나가게 된다. 여당이나 야당의 존재 이유

　　　　　　　　　　　　　　한국 정치, 야당의 길을 묻다

도 여기에 있다. 그런 가운데 두 번의 선거 패배로 야당인 민주당의 존재감이 극도로 미약해진 상황에서 더 이상 정당과 국회에 의존할 수 없게 됐다고 판단한 유권자들이 집회와 시위라는 직접적인 저항 행위로 그들의 불만과 불신을 표현하고자 했던 게 바로 광우병 촛불집회였다고 볼 수 있다. 촛불집회를 원천봉쇄하기 위해 광화문 네거리 등 도심 곳곳에 '명박산성'을 쌓는 등 이명박 정부가 일관되게 유지한 낮은 반응성responsiveness에 저항해 거리에 모여 대통령 탄핵을 외친 당사자도 야당 의원들이 아닌 일반 시민들이었다.

대의민주주의에서 정당이 제 기능과 역할을 다하지 못할 때 국민은 자신들의 목소리를 직접 전하고 싶어 하는 욕구를 갖게 되고 그 과정 속에서 직접민주주의는 활성화된다. 그리고 이 같은 직접민주주의의 확대는 정당의 영향력을 축소시키는 결과로 이어지기 쉽다. 실제로 촛불집회 과정에서 야당인 민주당의 역할은 극히 미미했고 그러다 보니 민주당에 대한 유권자들의 기대와 평가도 낮을 수밖에 없었다. 8월 23일 한국갤럽 조사에서도 '민주당이 야당으로서의 역할을 잘하고 있다고 보느냐'는 질문에 68.4%가 잘못하고 있다고 답했다. 잘하고 있다는 응답은 14.0%에 불과했다. 정당 지지도 또한 좀처럼 10%를 넘어서지 못했다.

4년 전 노무현 대통령 탄핵 때는 야당인 한나라당과 민주당이 공조해 탄핵을 주도했다. 이로 인해 야당은 거센 후폭풍에 직면해야 했지만 당시 야당의 존재감에 이의를 제기하는 사람은 많지 않았다. 하지만 촛불집회의 경우 이명박 대통령의 밀어붙이기식 정책 추진을 막아내는 등 큰 성과를 거뒀지만 야당인 민주당의 역할은 거의 찾아볼 수가 없었다. 이처럼 민주당이 촛불집회 진행 과정에서 제자리를 찾지 못하고 민심과 함께하는 데에도 실패한 모습은 이후 이명박·박근혜 정부로 이어지는 시기에 야당의 책임성을 수행하는 데 있어 커다란 걸림돌로 작용하게 됐다.

5장
이명박 정부 2기

1. 세종시 공방과 실종된 야당의 존재감

재·보선 연승에도 웃지 못한 민주당

    18대 총선과 촛불집회로 큰 홍역을 치른 정치권은 지도체제 개편을 통해 당의 전열을 정비하며 이명박 정부 2기에 대비하고자 했다. 한나라당은 2008년 7월 3일 전당대회를 열고 친이계인 박희태 전 국회 부의장을 새 당대표로 선출했다. 강력한 경쟁자였던 정몽준 의원은 2위에 그쳤고 친박계인 허태열 의원은 3위를 기록했다. 박희태 대표는 취임 일성으로 당내 화합과 국민의 신뢰를 강조했지만 곧바로 당헌·당규 개정 방침을 밝히면서 친박계의 반발을 샀다. 친박계는 대권과 당권을 엄격히 분리해 놓은 기존의 당헌·당규를 고치겠다는 것은 친박계를 견제하고 친이계의 당 장악력을 높이려는 술수라고 비판했다. 총선 공천 파동 때 탈당했다가 총선에서 승리한 친박계 의원들의 복당 문제를 놓고서도 첨예한 줄다리기가 계속됐다. 박근혜 전 대표의 거듭된 복당 요구에 박희태 대표도 7월 10일 최고위원회의에서 무조건 일괄 복당을 허용하기로 결정했지만 실제 복당이 차일피일 미뤄지면서 양측의 불신과 불만은 갈수록 커져만 갔다.

민주당도 7월 6일 전당대회에서 정세균 의원을 새 대표로 선출했다. 정대철·추미애 후보가 결선투표 때 후보 단일화까지 합의했지만 친노 등 당내 주류를 등에 업은 정세균 대표가 1차 투표에서 과반을 차지하면서 전세를 뒤집는 데는 실패했다. 또한 대표의 권한을 크게 강화한 단일 지도체제를 도입하고 당의 공식 명칭도 통합민주당에서 민주당으로 바꾸면서 침체된 당 분위기를 일신하고자 했다. 이는 총선과 촛불집회를 거치면서 무기력한 야당의 현실을 마주한 데 따른 반성이자, 보다 강한 야당의 모습을 갖춰 대여 투쟁에 나서겠다는 의지의 표현이기도 했다.

문제는 '야당'의 이미지를 여전히 박근혜 전 대표가 거머쥐고 있다는 점이었다. 촛불집회가 끝난 뒤 1년 넘게 지속된 정치권의 최대 이슈 중 하나가 세종시 수정안 공방이었는데, 이 논쟁에서도 이명박 정부에 대항하는 야당의 지위와 역할은 민주당이 아닌 박근혜 전 대표와 친박계의 차지였다. 이명박 대통령과 한나라당 내 주류로 떠오른 친이계가 내놓은 세종시 수정안에 대해 박근혜 전 대표가 시종일관 원안 고수를 외치자 국민들 눈에는 이명박 정부와 싸우는 제1의 대항마가 한나라당 내 비주류인 박근혜 전 대표로 인식되는 착시효과가 생긴 것이었다. 이 같은 현실 속에서 민주당은 '야당이면서도 야당이라 불리지 못하는' 난감한 상황에 처할 수밖에 없었다. 이처럼 야당으로서의 존재감이 미미한 구도에서는 견제와 제재, 저항이라는 야당의 책임성을 수행하기가 결코 쉽지 않았다.

이는 2009년 두 차례 치러진 재·보궐선거에서도 여실히 드러났다. 선거 결과 민주당이 두 선거 모두 사실상 승리를 거두며 오랜만에 재·보궐선거에서 기세를 올렸지만 정작 선거 기간 내내 화제가 됐던 이슈는 친이계와 박근혜 전 대표의 주도권 다툼이 어떻게 진행될 것이냐였다. 4·29 재·보궐선거에서는 경북 경주에 출마한 친박계 정수성 후보에 대한 박근혜 전 대표의 지원을 둘러싼 논란이 연일 언론의 헤드라인을 장식했다. 이명박 대통령의 친형인 이상득 의원이 정수성 후보의 사퇴를 권유했다는 사실이 알려지자 친이계와 친박계의 갈등은 더욱 고조됐다. 이에 대해 박근혜 전 대표가 "우리 정치의 수치"라고 강한 불쾌감을 표시하면서 정치권의 시선은 온통 박근혜 전 대표가 과연 한나라당 후보 지원유세에 나설 것인지, 아니면 당밖의 친박계 후보를 지원할 것인지에 쏠렸다.

결국 친이계와 친박계의 분열 속에 한나라당은 재·보궐선거가 열린 5개 선거구에서 모두 패했다. 그럼에도 박근혜 전 대표로서는 세종시 수정안 논란을 정국의 최대 이슈로 떠오르게 하면서 자연스레 자신을 '원칙을 지키는 소신주의자' 또는 '이명박 정부에 당당히 맞서 싸우는 투사'로 각인시키는 성과를 거둘 수 있었다. 반면 민주당은 한나라당 내부 헤게모니 다툼의 와중에 어부지리 승리를 거두긴 했지만 세종시 수정안 반대 진영의 주도권을 박근혜 전 대표에게 완전히 빼앗기면서 "작은 전투는 이겼지만 큰 전쟁에선 전혀 실익을 거두지 못했다"는 비판에 직면하게 됐다.

2009년 1월 12일 한국갤럽 조사에서도 전국적으로는 '수정안대로 교육과학중심 경제도시를 해야 한다'는 응답이 '원안대로 행정중심 복합도시를 해야 한다'는 응답보다 조금 많았지만 호남과 충청에서는 원안 찬성 여론이 12~13%포인트 높은 것으로 나타났다. 특히 민주당의 주된 지지 기반인 호남의 반이명박 기류를 감안할 때 이 같은 호남 여론은 민주당에겐 더할 나위 없는 호재나 다름없었다. 야당의 책임성 측면에서 볼 때 다수의 지지층이 찬성하는 정책을 추진할 경우 대여 견제 행보에도 힘을 받을 수 있고 더 나아가 야당에 대한 신뢰를 회복할 수 있는 좋은 계기로 삼을 수 있기 때문이었다. 하지만 각 언론사와 여론조사 기관에서도 세종시 수정안 논란과 관련해 이명박 대통령과 박근혜 전 대표의 주장에 대한 찬반 입장만 물을 뿐 야당의 주장에 대한 찬반을 묻는 질문은 찾아보기 힘들 정도로 민주당은 정국의 중심부에서 멀찍이 밀려나 있었다.

2009년 하반기에 실시된 10·28 재·보궐선거에서는 이 같은 현상이 더욱 심화됐다. 이명박 대통령이 9월 3일 개각에서 대표적인 세종시 수정론자인 정운찬 전 서울대 총장을 국무총리로 지명하면서다. 민주당은 정운찬 총리 후보자가 세종시 건설에 대해 "원안대로 한다는 것도 쉽지는 않은 일"이라며 수정해서 추진하겠다는 뜻을 밝히자 총리 인준 반대 등 강력 투쟁을 예고하고 나섰다. 그럼에도 여론의 관심은 여전히 박근혜 전 대표에게로 쏠렸다. 특히 이명박 대통령이 잠재적인 차기 대선주자로 거론되는 정운찬 총리를 전면에 내세운 게 박근혜 전 대표를 견제하기 위한 포석이란 분석이 제기되면서 세종시 논란은 차기 대선 문제로까지 비화됐고 이는 박근혜 전 대표가 여전히 세종시 논란의 중심에 서 있게 하는 요인으로 작용했다.

여기에 한나라당 친이계가 수도권 발전을 명분 삼아 세종시 계획을 축소하는 내용의 법안을 국회에 정식 발의하자 논란은 더욱 확산됐다. 이에 박근혜 전 대표가 친이계의 지원유세 요청을 단박에 거절하면서 세종시 문제를 둘러싼 양측의 갈등은 돌이킬 수 없는 수준까지 악화됐다. 결국 한나라당은 경남 양산과 강원 강릉 등 2곳에서 승리해 수도권 2곳과 충청 등 3개 선거구에서 이긴 민주당에 뒤졌지만 완패는 당하지 않았다는 점에서 큰 충격을 받지는 않았다는 평가를 받았다. 반면 민주당으로서는 2009년 실시된 두 차례 재·보궐선거에서 모두 우세승을 거뒀음에도 그 기세를 당 지지도 상승과 영향력 확대로 이어가는 데 실패했는데, 이는 당시 정국의 최대 이슈였던 세종시 수정안 논란에서 '야당의 아이콘'을 박근혜 전 대표에게 빼앗긴 탓이 컸다.

쇠망치와 전기톱까지 등장한 국회 난투극

그런 가운데 야당으로서 민주당의 존재감은 엉뚱한 곳에서 각인이 됐다. 촛불집회로 잠시 주춤하는 듯싶던 이명박 정부는 2기 체제로 접어들면서 다시금 전열을 정비한 뒤 기존의 친재벌 보수 정책을 본격 추진하기 시작했다. 기업을 옥죄는 규제를 풀어야 한다는 명목으로 금산분리 완화와 출자총액제한제도 폐지를 추진하는 한편 대기업과 언론 재벌의 신문·방송 겸영을 골자로 하는 미디어 관련법 개정안을 국회에 제출했다. 휴대폰과 인터넷 감청을 허용하는 통신보호비밀법 개정안과 사이버 모욕죄 신설 등 헌법이 보장한 표현의 자유를 제한하는 법안도 잇따라 내놓았다. 촛불집회에 따른 여야 대치 정국으로 국회가 장기 공전하면서 법정 기일로부터 82일이나 지나서야 겨우 원 구성을 마친 18대 국회는 이후에도 여야가 사사건건 대립하면서 파행을 거듭했다. 그런 와중에 이명박 정부와 한나라당이 자신들의 정책을 일방적으로 밀어붙이자 민주당도 강하게 맞받아치지 않을 수 없었다.

2009년도 새해 예산안을 둘러싸고도 여야 대립이 격화되자 한나라당은 이명박 정부 정책의 예산 확보를 명목으로 법정기일을 11일 넘긴 2008년 12월 13일 민주당이 불참한 가운데 새해 예산안을 단독으로 통과시켰다. 국회 분위기가 급격히 경색되는 가운데 한나라당은 내친 김에 한·미 자유무역협정FTA 비준동의안의 국회 외교통상통일위원회 상정까지 시도하고 나섰다. 그렇잖아도 10월 8일 비준동의안이 국회에 제출된 뒤 안건 처리를 놓고 여야 정치권은 물론 사회 각 분야에서도 찬반양론이 뜨겁게 맞부딪히던 민감한 사안이었다.

12월 18일 한나라당 소속 박진 위원장이 상임위 회의실에 바리케이드를 치고 야당 의원들의 진입을 막은 뒤 비준동의안을 단독 상정하려 하면서 급기야 물리적 충돌이 빚어졌다. 민주당과 민주노동당 등 야당 의원들과 당직자, 보좌진들은 쇠망치해머와 전기톱까지 동원해 바리케이드를 부수며 회의장 진입을 시도했고 이에 한나라당 의원·당직자와 국회 경위들이 소화기 분말을 쏘아대면서 공성전을 방불케 하는 난투극이 벌어졌다. 게다가 이 장면이 고스란히 TV로 생중계되면서 '폭력 국회'라는 비난이 쏟아졌고, 쇠망치와 전기톱은 이후 18대 국회의 오명을 상징하는 단어가 됐다.

야당인 민주당 입장에서는 이명박 정부와 한나라당의 강행 처리를

한국 정치, 야당의 길을 묻다

그냥 두고만 볼 수도 없는 노릇이었다. 상당수의 국민이 반대하는 쟁점 법안들의 국회 통과를 어떻게든 막아내는 게 야당의 역할이자 책임이기도 했다. 여당이 논란이 되는 법안을 일방적으로 강행 처리하고자 할 경우에는 더욱 그러했다. 그렇다고 민의의 전당이라는 국회 회의실에 진입하기 위해 쇠망치와 전기톱까지 동원한 것은 엽기성·폭력성 측면에서 결코 정당화될 수 없는 행동이었다. 특히 이렇게 쌍방이 폭행을 주고받을 경우 여론은 대부분 양비론으로 흘러가기 쉬운데, 이때 더 타격이 큰 쪽은 가진 게 많은 여당보다는 상대적으로 춥고 배고픈 야당인 경우가 대부분이었다. 게다가 여당은 쟁점 법안의 국회 상정 또는 통과라는 성과라도 얻었지만 야당은 법안 통과도 막지 못하고 폭력 정당이란 비난만 사게 되면서 게도, 구럭도 다 놓치는 최악의 결과를 마주하게 됐다. 야당의 좋은 이미지는 박근혜 전 대표에게 전부 빼앗긴 상태에서 폭력·구태 등 안 좋은 이미지만 덮어쓴 셈이었다.

물리적 충돌은 여기서 그치지 않았다. 2009년 2월 25일 최대 쟁점법안 중 하나였던 미디어 관련법안이 한나라당 소속 고흥길 위원장 직권으로 국회 문화체육관광방송통신위원회에 상정되면서 여야 대립은 다시 격화됐다. 이후 그해 7월 22일 국회의장석을 점거한 한나라당은 국회의장 직권상정을 통해 미디어 관련법안을 강행 처리했다. 그 과정에서 민주당 의원·당직자들과 한나라당 의원·당직자 사이에 욕설과 폭력이 오가는 최악의 난투극이 벌어졌다. 한나라당은 정족수가 부족해 방송법 개정안이 부결되자 재투표를 강행했고 그 와중에 한나라당 의원들의 대리투표 의혹까지 제기되기도 했다.

이처럼 폭력과 편법이 난무하는 국회의 모습은 제도권 정치에 대한 시민들의 무관심과 혐오만 더욱 부추기는 결과를 낳았다. 더욱이 국회법 등 협상 당사자들이 정한 게임의 규칙을 무시한 채 진행됐고, 상생의 접근법이 아닌 일방의 희생을 강요하는 제로섬 게임에 입각했으며, 그 결과 서로의 만족 대신 적대적 관계로 발전하는 특징을 보였다는 점에서 한국정치의 수준을 여실히 보여준 사례라는 여론의 비난이 끊이질 않았다. 그리고 기존 정치권에 대한 유권자들의 이 같은 냉담과 혐오는 민주당에게도 향후 야당의 책임성을 수행하는 데 있어 적잖은 부담으로 작용할 수밖에 없었다.

2. 6·2 지방선거: 무상급식 정책 대안이 이뤄낸 반전

예상 밖 승리 이끈 야권 후보 단일화

2010년 6·2 지방선거는 이명박 정부 3년차를 맞아 집권의 반환점을 도는 시점에서 향후 후반기 정국의 주도권을 누가 쥐느냐를 가름하는 중요한 선거였다. 특히 6·2 지방선거는 선거 환경적 측면에서 역대 선거와는 큰 차이를 보였다. 전국 단위 선거의 주된 쟁점 중 하나인 심판론이 다중적 구조를 띠었기 때문이었다.[4] 전통적으로 대통령 임기 중반부에 치러지는 선거의 경우 야당이 제기하는 정권 심판론이 야당의 주된 공격 소재가 되곤 했다. 하지만 이번 선거에서는 이에 더해 집권 여당도 심판론을 들고 나왔다. 2000년 3월 천안함 사태가 발생하면서 안보 이슈가 크게 부각되자 이를 계기로 진보 세력 심판론을 제기하고 나서면서다. 여기에 수도권 광역단체장이 모두 재출마함으로써 현역 단체장에 대한 심판론도 가세했다. 중앙 정부 차원의 여야 심판론 대결에 지방 정부 차원에서의 심판론까지 겹치면서 전선이 한층 복잡해진 셈이었다.

결과는 예상을 깨고 야당의 승리로 판가름이 났다. 당초 선거 직전까지만 해도 정국의 흐름이나 각종 여론조사 결과로 볼 때 여당인 한나라당이 무난히 승리를 거둘 것이란 관측이 지배적이었다. 이명박 대통령 지지도는 안정적으로 유지되고 있었고 한나라당 지지도는 민주당 지지도를 크게 앞서고 있었다. 게다가 천안함 사태에 따른 국민들의 안보 불안감이 야권의 견제론과 정권 심판론을 충분히 상쇄하고도 남을 것이란 게 중론이었다. 하지만 개표 결과 민주당은 광역단체장 7곳에서 승리를 거두면서 6곳을 건지는 데 그친 한나라당을 제쳤다. 전국 228개 기초단체장 선거에서도 한나라당은 82곳에서 승리한 반면 민주당은 92곳을 얻었다. 2006년 지방선거에서 수도권 기초단체장 중 한 곳을 빼고 모두 석권했던 한나라당은 이번에는 66곳 중 15곳만 지켜내고 나머지는 모두 야당에 내줘야 했다. 광역의원 선거에서도 민주당은 47%를 확보해 37%를 차지한 한나라당을 따돌렸다. 대선과 총선에서 잇따라 패하며 야당으로서의 입지가 크게 줄어들었던 민주당은 6·2 지방선거의 예상 밖 승리로 지방권력을 장악하게 되면서 중앙에서도 제1야당의 존재감을 부각시킬 수 있는 발판을 마련할 수 있게 됐다.

야당의 승리는 기본적으로 이명박 정부에 대한 견제론과 중간평가 성격의 심판론이 주효했기 때문이었다. 하지만 모든 여론조사 기관의 사전 예측이 왜 빗나갔는지 설명하기엔 이것만으로는 충분하지 않았다. 이와 관련해 주목을 모은 변수가 바로 야권 후보 단일화였다. 한국사회여론연구소KSOI가 지방선거 직후인 6월 4일 실시한 여론조사에서 '야권 후보 단일화가 투표에 어느 정도 영향을 줬느냐'는 질문에 응답자의 절반에 가까운 47.3%가 영향을 줬다고 답했다. 이는 천안함 사태에 따른 '북풍'과 노무현 전 대통령 서거 1주기에 따른 '노풍'이 투표에 영향을 줬다고 답한 20.7%와 34.3%보다 훨씬 높은 수치였다. 당초 북풍과 노풍이 지방선거의 주된 변수가 될 것으로 예상됐지만 막상 뚜껑을 열어 보니 야권 후보 단일화가 투표 결과에 더욱 큰 영향을 미친 것으로 나타난 것이었다.

민주당은 지방선거를 앞두고 여권의 독주가 예상되는 상황에서 여당과 일대일 구도를 만들지 않으면 승산이 없다는 판단에 다른 야당 및 시민단체들과 적극 연대하기로 방침을 정하고 연초부터 야권연대 전략을 추진하고 나섰다. 이에 따라 민주당과 민주노동당, 진보신당, 창조한국당, 국민참여당 등 야 5당은 2010년 1월 16일 희망과 대안 등 4개 시민단체와 범야권연대 구축을 위한 협상회의를 공식 발족하고 정책연합과 선거연대 논의에 착수했다. 이후 후보 선출 방식 등을 둘러싸고 협상이 난항을 겪기도 했지만 백낙청·김상근·박영숙 등 시민사회 원로들의 적극 중재로 위기를 넘기며 결국 야권 후보 단일화를 성사시켰다. 그 결과 경기도지사 후보로는 국민참여당 유시민 후보가, 서울시장 후보로는 민주당 한명숙 후보가 야권 단일후보로 선출되는 등 전국 곳곳에서 여당과 일대일 구도를 형성하는 데 성공했다.

야권 후보 단일화는 선거에서 이기려면 자신에게 유리한 구도를 만드는 게 무엇보다 중요하다는 점에서 선거 구도상 매우 효과적인 전략이었다. 특히 특정 야당에 대한 지지를 넘어 반이명박, 반한나라당 정서를 광범위하게 담아낼 수 있는 양자 대결 구도를 만들어냈다는 점에서 유권자들의 선택을 한층 용이하게 했다. 16개 광역단체장 선거에서 야권 단일후보가 나선 지역은 9곳이었고 이 중 5곳에서 야권 단일후보가 승리했다. 아쉽게 패하긴 했지만 한명숙 서울시장 후보도 박빙의 승부를 벌였고 김정길 부산시장 후보는 역대 야당 후보로는 가장 많은 44.5%를 얻으며 주목을 모았다. 게다가 야권 단일후보로 나선 무소속 김두관 후보가 예상을 뒤엎고 경남도지사 선거에서 승리해 영남 교두보를 확보하는 성과를 거뒀다. 송영길 인천시장, 안희정 충남도지사, 이광재 강원도지사 등 친노·486 차기 주자들이 대거 당선된 것도 호재였다. 기초단체장 선거에서도 야권연대는 위력적이었다. 인천 구청장의 경우 후보 단일화가 이뤄진 9곳 중 8곳에서 야권 단일후보가 당선됐다.

야권 후보 단일화는 2002년 노무현·정몽준 대선후보 단일화 때 위력을 발휘한 뒤 2007년 대선에서도 정동영·문국현 후보 단일화 시도로 이어지는 등 야권의 중요한 선거 전략으로 자리 잡았다. 하지만 총선과 지방선거 등 전국 단위 선거에서 동시다발적으로 시도되기는 이번이 처음이었다. 그리고 이 같은 시도가 성공적인 결과로 이어졌다는 점에서 야권 입장에서는 2012년 총선과 대선에서도 승리할 수 있다는 희망을 가질 수 있게 됐다. 특히 천안함 사태와 그에 따른 안보 이슈가 지방선거 정국을 뒤덮고 있는 상황에서 야권 후보 단일화라는 회심의 카드로 이를 훌륭히 극복해 냈다는 점에서 향후 선거에서도 자신감을 갖기에 충분했다. 실제로 이후 민주당과 시민단체 등 범야권은 2012년 19대 총선과 18대 대선을 맞아 야권연대를 필수 과제로 삼고 선거 초기부터 후보 단일화를 적극 추진하고 나섰다.

무상급식과 야당의 책임성

민주당의 6·2 지방선거 승리는 이처럼 견제론·심판론과 야권 후보 단일화 전략이 성공적으로 작용한 데 따른 결과였다. 하지만 이에 못지않게 중요한 변수 중 하나는 바로 무상급식이란 정책적 대안이었다. 이는 민주화 이후 야당이 견제론이나 정권 심판론 등 '종속적' 변수가 아니라 정책 대안이라는 '독립적·선제적' 변수를 통해 전국 단위 선거에서 처음 승리를 쟁취해 냈다는 점에서 의미심장한 사례였다. 더 나아가 한국 민주주의에서 야당의 책임성이 성공적으로 수행되는 데 있어 견제와 제재·저항이란 통상적 수단이 아니라 정책 대안 제시라는 적극적 수단이 사실상 처음 위력을 발휘했다는 점에서 큰 시사점을 던져주는 사건이기도 했다.

민주당과 야권의 무상급식 선거 공약은 당초 교육감 선거에서 처음 제기됐다가 이후 광역단체장 선거로 확산됐고, 급기야 전국의 모든 후보들이 초등·중학교 친환경 무상급식 전면 실시와 완전한 의무교육 실현을 첫 번째 공약으로 내거는 수준까지 발전했다. 특히 한명숙 민주당 후보와 오세훈 한나라당 후보가 5월 17일 열린 서울시장 후보 첫 TV 토론회에서 무상급식 문제를 놓고 정면충돌하면서 전국적인 이슈로 급부상했다. 여기에 다음 날 이명박 대통령이 "국민 대다수인

70~80%에게 복지 혜택을 주는 것은 한정된 재원을 고려할 때 현실적이지 못하다"며 무상급식 반대 입장을 분명히 하고 경쟁력 강화를 위한 예산 편성이 우선돼야 한다고 강조하면서 선거 막바지에 4대강 논란 못지않은 주요 쟁점으로 떠오르게 됐다.

민주당도 무상급식 정책 공약이 이처럼 위력을 발휘하리라고는 미처 예상하지 못했다. 하지만 민심의 기저에는 이미 무상급식 공약이 주요 이슈로 떠오를 수밖에 없는 분위기가 조성돼 있었다. 2007년 대선에서 국민이 이명박 대통령을 전폭적으로 지지한 데는 경제 회복 및 성장과 삶의 질 향상에 대한 바람이 강하게 자리 잡고 있었다. 하지만 이명박 정부 2년 반 동안의 모습은 기대와는 사뭇 거리가 멀었다. 재벌 위주의 성장 우선주의 정책으로 표면적인 경제 수치는 나아졌다고 해도 실질적인 서민 경제는 좀처럼 호전되지 않았다. 더욱이 양극화는 갈수록 심화되는 추세 속에서 사회적 부의 분배를 둘러싼 논란이 커지면서 민심의 불만 또한 날로 확산돼 갔다. 그럼에도 이명박 정부는 4대강 사업 등 정권 차원의 정책을 일방적으로 밀어붙일 뿐 국민과 소통하려는 모습은 보이지 않았다.

이런 흐름 속에서 민주당이 내놓은 무상급식 공약은 국민의 실제 생활과 직결되는 경제 이슈인 데다 이명박 정부의 정책과 달리 삶의 현장에서 피부에 와닿는, 국민의 눈높이에 맞는 생활 속 주제였다는 점에서 파급력을 갖기에 충분했다. 실제로 한국정책과학연구원이 선거 직후인 6월 5일 실시한 여론조사에서 한나라당 패배의 주된 이유가 '서민 경제를 어렵게 해서'라고 답한 응답자가 37.4%로 가장 많았다. 이어 대통령과 집권 여당이 국민을 무시하고 독선적이어서22.8%,

국민과 제대로 소통하지 않아서16.7% 순이었다. 이념과 안보 이슈가 지방선거의 최대 쟁점이 될 것이란 예상과 달리 실생활과 직결된 경제 이슈와 대통령의 오만함에 대한 거부감이 선거의 승패를 좌우한 셈이었다. 게다가 한나라당은 세종시 이전 논란 등을 둘러싸고 친이계와 친박계가 세력 다툼에 매몰돼 있는 바람에 집권 여당 차원에서 이명박 정부에 힘을 모아주지 못하는 상황이었고, 그러다 보니 민주당의 무상급식 공약에 맞설 수 있는 정책 대안을 내놓는 데 어려움을 겪을 수밖에 없었다.

지방선거를 통해 정책 대안의 위력을 새삼 확인한 민주당과 야권은 19대 총선과 18대 대선에서도 이를 확대 발전시키기로 하고 중장기적인 정책 개발에 착수했다. 그 결과 2012년 총선에서는 무상급식에서한 단계 더 나아간 '3+1 무상복지' 시리즈무상급식, 무상의료, 무상보육+대학생 반값 등록금를 내놓을 수 있었다. 여당인 한나라당도 이 같은 야당의 행보에 자극을 받지 않을 수 없었다. 특히 2012년 대선을 준비 중이던 박근혜 전 대표는 야권의 복지 담론을 적극 흡수한 뒤 경제민주화를 대표 상품으로 내걸며 역공에 나섰고, 이는 박근혜 전 대표가 대선 정국의 주도권을 쥐는 데 결정적 역할을 했다는 평가를 받았다. 이런 흐름은 결과적으로 6·2 지방선거에서 민주당이 내놓은 무상급식 정책 대안이 시발점이 됐다는 점에서 야당의 책임성 측면에서도 좋은 참고 사례가 될 수 있을 것이다.

3. 야당의 자멸과 잇단 재·보선 참패

여당 견제 대신 내부 권력 다툼에 매몰된 야당

지방선거의 성적표를 받아든 정치권은 이명박 정부 후반기에 대비하기 위한 내부 전열 정비에 착수했다. 더욱이 한 달여 뒤 곧바로 7·28 재·보궐선거가 예정돼 있어 여야 모두 긴장의 끈을 놓을 수 없는 상황이었다. 하지만 한나라당이 선거 패배 요인을 분석하고 이를 해소하기 위해 발 빠르게 움직인 데 비해 민주당은 승리에 도취돼 그새 내부 세력 대결에 몰입하는 모습을 보이면서 지방선거의 흐름을 이어가는 데 실패했다. 결국 재·보궐선거에서 한나라당이 승리하면서 이명박 정부와 집권 여당은 다시금 정국 운영의 동력을 확보할 수 있게 됐다. 반면 민주당은 오랜만에 찾아온 기회를 허무하게 날려 버리면서 강한 야당의 위상을 공고히 할 수 있는 절호의 기회를 놓치고 말았다.

이는 2006년 노무현 정부 때 야당이었던 한나라당이 지방선거에서 승리한 기세를 2007년 대선까지 쭉 이어간 것과 상반되는 행보였다. 특히 6·2 지방선거에서 민주당은 견제론에 더해 무상급식이라는 정책적 대안까지 내놓으며 승리를 거두면서 견제와 저항 일변도의 전략을 취했던 2006년의 한나라당보다 한 단계 진일보했다는 평가를 받았다. 이는 야당의 책임성 측면에서 볼 때 견제와 대안이란 두 개의 핵심 수단을 동시에 사용해 성공을 이끌어냈다는 점에서 한국정치사에 흔치 않은 사례로 남을 만한 사건이었다. 그럼에도 민주당은 선거 승리에 도취된 채 내부 분열에 휩싸이면서 기세를 이어가지 못했다. 이처럼 지방선거 승리를 계기로 정국의 주도권을 확실히 거머쥐는 데 실패한 민주당의 현실은 이후 2012년 총선과 대선을 맞아 훨씬 유리한 정치적 환경 속에서도 고전을 면치 못하는 직접적인 계기가 됐다.

지방선거에서 승리한 민주당은 전당대회 개최 시기를 놓고 주류와 비주류가 이견을 보이면서 갈등을 빚었다. 주류는 8월 말로 예정된 전당대회를 7·28 재·보궐선거 이전으로 앞당기자고 주장한 반면, 비주류는 공정한 전당대회를 치르기 위해서는 현 지도부가 사퇴하고 임시 지도부를 꾸려야 한다고 맞받았다. 더 나아가 민주당 비주류는 '민주희망쇄신연대'를 결성하며 전당대회에 대비해 비주류 연합을 추진하고 나섰다. 이처럼 재·보궐선거를 앞두고 당권 경쟁이 가열되다 보니 공천 작업은 지지부진할 수밖에 없었고, 결국 한나라당보다 일주일이나 늦은 7월 9일에야 가까스로 공천을 마무리할 수 있었다.

민주당의 복잡한 내부 사정은 야권 후보 단일화에도 영향을 미쳐 광주 남구는 끝내 단일화에 실패하고 말았다. 특히 이명박 정부 2인자로 불리는 이재오 후보가 출마해 최대 승부처로 떠오른 서울 은평을의 경우 민주당 주류와 비주류는 물론 다른 야당들도 끝까지 각 당의 후보를 고집하는 바람에 선거를 불과 이틀 앞두고서야 장상 후보를 야권 단일후보로 확정할 수 있었다. 하지만 결과는 이재오 후보의 승리였다. 이는 범야권 진영에서 '전가의 보도'로 떠오른 후보 단일화 전략도 제대로 사용하지 않으면 무용지물이 되고 만다는 것을 증명해주는 사례였다.

당시 정국은 민간인 불법사찰 파문과 강용석 한나라당 의원의 여성비하 발언 논란 등이 겹치면서 여권이 코너에 몰려 있는 상황이었다.

한국 정치, 야당의 길을 묻다

한나라당이 여당임에도 불구하고 7·28 재·보궐선거를 중앙당 차원이 아니라 '지역일꾼론'을 내세우며 철저히 지역 단위 선거로 치르기로 한 것도 지방선거에 뒤이어 재·보궐선거에서도 연패를 당할 가능성이 크다는 판단에서였다. 하지만 민주당은 당권 경쟁과 공천 다툼에만 혈안이 된 데다 선거운동 기간에도 오로지 정권심판론만 반복적으로 주장하면서 패배를 자초하고 말았다. 이 같은 예상 밖 패배는 민주당에 거센 후폭풍을 몰고 오면서 결국 8월 2일 정세균 대표를 비롯한 지도부가 총사퇴하고 또다시 비대위 체제로 전환되는 악순환을 맞게 됐다.

깨지기 시작한 후보 단일화 환상

민주당의 실기는 곧 한나라당에겐 기회였다. 세종시 수정안을 국회 표결에 부쳐 부결시킴으로써 당내 최대 쟁점을 해소하는 한편, 이명박 대통령과 박근혜 전 대표의 8·21 단독 회동을 통해 당내 화합 모드를 조성해 나갔다. 이들은 회동에서 이명박 정부의 성공과 정권 재창출을 위해 협력하기로 약속하면서 여권의 갈등 분위기를 급반전시켰다. 이명박 정부도 인적 쇄신을 통해 지방선거 패배의 충격을 딛고 임기 후반부의 안정적인 국정 운영을 꾀하고자 했다. 임태희 대통령 실장과 김태호 국무총리 후보자 등 이른바 '4말5초40대 후반~50대 초반' 인사들을 당·정·청에 전면 배치하는 한편 8·15 광복절 축사를 통해 '공정사회'를 새로운 국정 화두로 제시하며 의욕을 보였다. 이명박 정부는 당·정·청 소통을 시스템화하는 데도 주력했는데, 이는 집권 초기 쇠고기 파동 때 우왕좌왕하며 적절히 대처하지 못했다는 반성에서 출발한 조치였다.

이명박 정부는 이 과정에서 4대강 사업 등 기존의 핵심 공약 사업의 중단 없는 추진도 재확인했다. 이는 즉각 야당의 반발을 부르며 정치권의 갈등을 고조시켰고, 결국 또다시 국회 폭력 사태로 이어지는 결과를 낳았다. 한나라당은 12월 8일 국회 본회의에서 4대강 예산이 포함된 2011년도 예산안을 강행 처리했다. 민주당은 4대강 사업 예산 전면 반대를 선언하고 회의장 점거와 농성에 나섰지만 힘으로 밀어붙이는 여당을 막아낼 수는 없었다. 그 과정에서 여야 의원과 보좌진들의 폭행 사태까지 빚어지면서 여야는 이명박 정부 들어 3년 연속 새해 예산안 강행 처리와 물리적 저지라는 볼썽사나운 모습을 반복하게 됐다. 10월 민주당 전당대회에서 칩거 2년 만에 복귀해 새로운 당대표로 선출된 손학규 대표는 예산안 전면 무효를 외치며 장외투쟁에 나섰지만 이미 엎질러진 물을 주워 담기엔 역부족이었다.

이 같은 야당의 모습은 2004~2005년 여권의 개혁 입법 추진을 결사적으로 막아냈던 당시 야당인 한나라당의 모습과도 큰 대조를 이뤘다. 2010년의 민주당이 처한 정치적 환경은 2004년의 한나라당에 비해 결코 열악하지 않았다. 오히려 2004년은 탄핵 후폭풍으로 여당인 열린우리당에 한껏 힘이 실린 상태였던 데 비해 2010년은 이명박 정부가 임기 절반의 반환점을 돈 시점에 갈수록 힘이 빠질 수밖에 없는 상황이었다. 게다가 비록 재·보궐선거에 패하긴 했지만 바로 직전의 전국 단위 선거인 지방선거에서 4대강 사업에 대한 국민적 불신을 표심으로 확인한 만큼 명분 싸움에서도 결코 밀리지 않는 구조였다. 그럼에도 민주당은 한나라당의 예산안 강행 처리에 속수무책으로 당하고 말았다.

이를 야당의 책임성 측면에서 바라볼 경우 또 다른 시사점을 발견할 수 있다. 2004년 한나라당은 박근혜라는 강력한 차기 주자를 보유하고 있었고 그를 구심점으로 단일 대오를 형성하며 강력한 투쟁에 나설 수 있었다. 반면 2010년 민주당은 강력한 차기 주자의 부재 속에 주류와 비주류의 거듭된 반목으로 인해 투쟁력을 하나로 모을 수 없는 구조였다. 이런 상황에서 어느 누구도 선뜻 총대를 메려 하지 않았고 오히려 한나라당의 강행 처리를 막아내지 못한 실패의 책임을 서로 뒤집어씌울 궁리만 할 뿐이었다. 이는 강력한 차기 리더십의 유무에 따라 견제의 강도와 성공 여부가 좌우된다는 가설을 입증해주는 사례라 할 수 있다. 더 나아가 이런 민주당의 행태는 견제를 가장한 무책임 보신주의와 다를 게 없다는 점에서 견제와 저항이라는 야당의 책임성 측면에서 볼 때 가히 최악의 사례를 남겼다고 볼 수 있다.

민주당은 이처럼 이명박 정부와 집권 여당에 대한 견제에 실패한 가운데서도 오로지 야권연대에 의지하려는 안이한 모습을 보였다. 이듬해인 2011년 치러진 4·27 재·보궐선거에서 민주당은 손학규 대표가 한나라당 텃밭인 성남 분당을에 직접 출마하는 승부수를 띄운 데이어 전남 순천과 경남 김해을에서는 야권 후보 단일화를 추진했다. 하지만 김해을의 경우 야권 후보 단일화를 이뤘음에도 불구하고 한나라당에 패하고 말았다. 이는 단일화 과정에서 민주당과 참여당이 막판까지 갈등을 겪은 데다 참여당 후보로 단일화된 이후 민주당이 사실상 방관자적 입장으로 후퇴하며 힘을 보태지 않았기 때문으로 분석됐다.

이는 후보 단일화만 이루면 무조건 승리한다는 환상이 광범위하게 퍼져 있던 범야권에 경종을 울리기에 충분했다. 이미 2010년 7·28

재·보궐선거 때도 서울 은평을에서 똑같은 시행착오를 겪은 터였다. 하지만 민주당은 야권연대도 시기를 놓치거나 조직이 하나로 뭉치지 못하면 효과가 크게 감퇴한다는 거듭된 교훈을 반면교사로 삼기는커녕 오히려 이후 총선과 대선에서도 관성적으로 야권연대를 제1의 선거 전략으로 삼으면서 화를 자초하고 말았다. 문재인 후보와 안철수 후보의 막판 단일화가 대선 승리로 이어지지 못한 것 또한 이때 모습의 데자뷔와 다름없었다. 견제와 저항이란 야당의 책임성은 망각한 채 야권연대라는 손쉬운 길만 가려 했던 민주당으로서는 그에 따른 값비싼 대가를 치를 수밖에 없는 구조였다.

6장

이명박 정부 3기

1. 무소속과 박근혜 협공에 직면한 민주당

서울시장 보궐선거와 안철수의 등장

이처럼 민주당의 자중지란으로 나름 연착륙하는 듯했던 이명박 정부는 뜻하지 않은 변수를 맞이하며 급격히 레임덕의 위기에 처하게 됐다. 서울시내 초등·중학생 무상급식 논란에서 비롯된 오세훈 서울시장 후보 사퇴는 안철수의 혜성 같은 등장과 시민단체 출신의 무소속 박원순 서울시장의 당선으로 이어지면서 이명박 정부는 정국의 주도권을 잃고 임기 말 3기 정국으로 접어들게 됐다. 당초 2011년 10·26 재·보궐선거는 기초단체장 11명과 광역·기초의원 30명을 뽑는 미니 선거였다. 국회의원 선거가 한 곳도 없다 보니 여야 모두 별 관심을 기울이지 않는 상황이었다. 하지만 서울시장이라는 가장 상징성 있는 광역단체장 보궐선거가 예정에 없이 추가되면서 갑자기 판이 커지게 됐다. 여기에 제도 정치권과는 아무 인연이 없던 안철수라는 인물이 '새 정치'를 표방하며 나타나자 정치권이 크게 요동치기 시작했다.

격변의 시작은 초등·중학생 무상급식 전면 실시를 둘러싼 서울시와 서울시의회의 대립이었다. 6·2 지방선거를 통해 서울시의회를 장악하게 된 민주당은 무상급식 확대를 본격 추진하고 나섰다. 그러자 한나라당 소속인 오세훈 서울시장이 주민투표라는 강수를 전격적으로 꺼내 들었다. 2011년 6월 16일 오세훈 시장은 "성장과 복지의 균형 없이 무조건 퍼주기만 하면 표가 된다고 생각하는 정치권의 인기영합주의에 경종을 울려야 한다"며 "주민투표는 나라의 미래를 권력 쟁취의 하위 개념으로 삼는 정치 세력들과 승부를 가르는 역사적인 투표가 될 것"이라고 주장했다. 이른바 '오세훈법'이라 불리는 정치자금법 개정을 주도하는 등 기존의 제도 정치권과는 차별화되는 깨끗한 이미지를 구축해 왔다고 자부해 온 오세훈 시장으로서는 나름 자신감이 가득 찬 상태에서 제2의 승부수를 띄운 셈이었다.

그러자 한나라당 내에서도 "굳이 주민투표까지 할 필요가 있느냐"는 우려에 "대권을 의식한 행보 아니냐"는 의심 어린 시선까지 가세하며 논란이 증폭됐다. 이에 오세훈 시장은 8월 12일 "무상급식 주민투표 결과와 관계없이 차기 대선에 출마하지 않겠다"는 입장을 밝혔고, 더 나아가 8월 21일에는 "주민투표가 실패하면 시장직에서 물러나겠다"고 전격 선언했다. 이렇게 되자 한나라당도 당 차원에서 투표 독려 운동에 나서지 않을 수 없게 됐고 반대로 민주당은 투표 불참 운동으로 맞불을 놓았다. 8월 24일 주민투표 결과 최종 투표율이 25.7%

로 유효투표율 33.3%에 못 미치는 것으로 집계되면서 주민투표는 결국 무산되고 말았고, 오세훈 시장은 한나라당의 강한 만류에도 불구하고 8월 26일 시장직 사퇴를 선언했다.

민주당 입장에서는 6·2 지방선거에서 효력을 발휘한 무상급식이라는 정책 대안이 오세훈 서울시장 사퇴의 시발점이 됐다는 점에서 뜻하지 않은 횡재를 맞게 된 셈이었다. 야당의 책임성 측면에서도 정책 대안의 위력과 실효성이 경험적으로 입증됐다는 점에서 한국정치사의 흔치 않은 사례로 남을 만했다. 하지만 정작 오세훈 시장 사퇴에 따른 반사이익은 민주당의 몫이 아니었다. 그러기엔 민주당의 내공과 역량, 민주당에 대한 국민적 신뢰가 턱없이 부족했다. 더 나아가 기존 정치권에 대한 여론의 불신은 이미 임계점을 넘어서고 있었다. 이런 상황에서 시민운동가인 박원순 희망제작소 상임이사와 젊은이들을 대상으로 하는 '청춘콘서트'로 일약 유명해진 안철수 서울대 교수가 서울시장 출마를 적극 검토하는 것으로 알려지면서 무소속 돌풍이 불기 시작했다. 이들은 특히 현실정치에 전혀 발을 디딘 적이 없었다는 점에서 정치권을 긴장시키기에 충분했다.

실제로 한국갤럽과 중앙일보가 9월 3일 서울시장 보궐선거 예비후보군을 대상으로 실시한 긴급 여론조사에서 안철수 서울대 교수가 39.5%를 얻어 압도적 1위를 차지한 것으로 나타났다. 나경원 한나라당 최고위원은 13.0%, 민주당 예비후보인 한명숙 전 국무총리는 10.9%, 박원순 희망제작소 상임이사는 3.0% 순이었다. 안철수 교수에 대한 20대의 지지도는 무려 57.8%에 달했다. 안철수 현상 또는 안철수 신드롬, 이른바 '안풍安風'이 순식간에 태풍의 눈으로 급부상한 것이었다. 이에 더해 안철수 교수가 9월 6일 박원순 이사와 전격 회동한 자리에서 박원순 이사 지지를 표명하고 자신은 아무 조건 없이 출마하지 않겠다고 선언하면서 무소속 돌풍은 절정에 달했다. '안철수 서울시장 출마설'이 처음 제기된 9월 1일 이후 불과 닷새 만이었다.

여야는 초유의 사태를 맞아 선거 전략을 완전히 새로 짜야만 했다. 안철수 현상이 기득권에 안주하고 국민의 의사와 상관없이 정파에 따라 편을 가르는 기성정치에 대한 반발에서 나온 것으로 판명된 만큼 여야 정치권으로서는 어떻게든 책임을 져야 했기 때문이었다. 게다가 압도적인 지지도에도 불구하고 안철수 교수가 박원순 이사에게 후보를 양보하고 불출마를 선언하면서 정치권은 더욱 큰 위기의식을 느끼지 않을 수 없었다. 이에 한나라당은 야권이 사용했던 후보 단일화 전략을 들고 나왔다. 범보수 단일후보를 내세우지 않으면 안풍에 맞서기 힘들 것이라 판단에서였다. 한나라당은 이미 확정한 나경원 서울시장 후보와 보수 진영 시민후보로 나선 이석연 변호사의 단일화를 추진하고 나섰지만 이석연 변호사가 9월 28일 불출마를 선언하면서 범보수 후보 단일화는 무산되고 말았다.

민주당도 자체 후보를 내는 방안과 박원순 후보와 범야권 후보 단일화를 추진하는 방안을 놓고 격론을 벌인 끝에 야권 후보들이 모두 참여해 단 한 차례의 통합경선으로 후보를 선출하기로 결정했다. 이에 따라 민주당은 9월 25일 박영선 후보를 선출한 뒤 10월 3일 통합경선에 나섰지만 결국 박원순 후보가 승리하면서 제1야당이 자체 후보를 내지 못하는 결과를 초래하게 됐다. 10·26 재·보궐선거 결과 무소속으로 출마한 박원순 후보는 53.3%를 얻어 46.3%를 득표한 나경

원 한나라당 후보를 제치고 서울시장에 당선됐다. 민주당은 겉으로는
박원순 후보의 승리에 환호했지만 내부 분위기는 결코 낙관적이지 않
았다. 무엇보다 안철수와 박원순으로 상징되는 무소속 돌풍이 기존
제도권 야당의 입지를 크게 약화시킬 것으로 전망됐기 때문이었다.
이는 대의민주주의에서 유권자의 뜻을 대표하는 역할을 맡는 정당이
더 이상 국민의 신뢰를 받지 못하고 있음을 의미한다는 점에서 더욱
근본적인 위기로 다가왔다. 더 나아가 대표성을 상실한 야당에게 책
임성을 주문하는 것 자체가 무리라는 점에서 야당의 책임성 측면에서
도 적잖은 숙제를 떠안게 됐다.

박근혜의 경제민주화 정책 이슈 선점

여야 정치권은 먼저 당 체제 정비를 통해 위기관리에 나서는 동시
에 2012년 총선에 대비하고자 했다. 10·26 재·보궐선거의 충격은 여
야를 불문했다. 그런 만큼 어느 정당이 어떤 방식으로 반등의 계기를
잡게 될지가 초미의 관심사였다. 그런 점에서 한나라당과 민주당이
선택한 행보는 사뭇 달랐다. 한나라당은 차기 대선주자인 박근혜 전
대표를 전면에 내세우는 승부수를 띄운 반면 민주당은 야권연대를 넘
어 야권통합으로 돌파구를 찾고자 했다. 더 나아가 박근혜 비대위원
장은 경제민주화와 맞춤형 한국복지 모형을 내세우며 정책 대결에서
도 우위를 선점하고자 했다. 이는 2010년 6·2 지방선거에서 민주당
등 야권이 내놓은 무상급식이란 정책 대안이 승패에 적잖은 영향을
미쳤다는 데 대한 자성에서 출발한 전략이었다. 이에 대해 민주당은
3+1 무상복지 시리즈를 내놓으며 지방선거에서의 성공 사례를 이어

가려 했지만 이미 박근혜 위원장에게 정책 담론의 선수先手를 빼앗긴 데다 야권통합과 후보 공천 등을 둘러싸고 내부 갈등이 끊이질 않으면서 자신들이 애써 개척해 놓은 복지 정책 분야의 우위를 박근혜 위원장과 한나라당에게 허무하게 내주는 결과를 초래하고 말았다.

서울시장 보궐선거에서 패한 뒤 홍준표 한나라당 대표는 사퇴 대신 당 쇄신을 추진하고자 했다. 하지만 보궐선거 당시 한나라당 의원 수행비서가 중앙선관위 홈페이지에 디도스 공격을 가한 것으로 밝혀지면서 "이대로는 안 된다"는 위기의식이 당내에 팽배해졌고 홍준표 대표도 더 이상 대표직을 유지할 수 없게 됐다. 이후 한나라당이 선택할 수 있는 카드는 박근혜 전 대표뿐이었다. 박근혜 전 대표는 안철수 서울대 교수의 급부상에도 불구하고 대선후보 지지도 조사에서 여전히 30%대를 유지하고 있었다. 결국 한나라당은 2011년 12월 19일 박근혜 전 대표를 비대위원장으로 선출했다. 박근혜 위원장으로서는 2006년 6월 당 대표에서 물러난 지 5년 반 만에 다시 당의 전면에 등장하게 된 셈이었다. 당이 절체절명의 위기에 처한 시기에 구원투수로 긴급 투입됐다는 점도 2004년 탄핵 후폭풍 직후 때와 별반 차이가 없었다. 그만큼 한나라당 입장에서는 가장 믿을 만한 인물을 내세울 수밖에 없을 정도로 긴박한 상황이었다.

전권을 부여받은 박근혜 위원장은 김종인·이상돈·이준석 등 경제 전문가와 2030세대를 비대위원으로 선임하며 친정 체제 구축과 당의 이미지 변신을 동시에 꾀하고자 했다. 이때까지만 해도 여당이 총선에서 승리할 것이란 전망은 결코 높지 않았다. 한국갤럽 조사에서도 1월 1~3주 사이에 한나라당 지지도는 28%→22%→25%를 오르내린 데 비해 민주통합당 지지도는 28%→29%→28%를 유지하고 있었다. 박근혜 위원장은 "이런 상황에서 한나라당 간판으로는 총선을 치르기 어렵다"는 당 안팎의 여론이 비등하자 2월 13일 당명도 한나라당에서 새누리당으로 바꿨다. 이는 또한 이명박 정부와 당내 친이계와의 결별을 공식 선언한 것이기도 했다. 실제로 한국갤럽의 같은 조사에서 이명박 대통령의 직무수행 평가에 대해 잘하고 있다는 응답은 22~26%에 불과한 반면 잘못하고 있다는 응답은 63~65%로 세 배 가까이 차이가 났다. 박근혜 위원장으로서는 이처럼 낮은 지지도에 레임덕까지 맞게 된 이명박 정부를 끌어안은 채 총선을 치러서는 결코 승리를 장담할 수 없었다.

박근혜 위원장은 이에 더해 회심의 승부수로 경제민주화 카드를 꺼내들었다. 박근혜 위원장은 기존의 한나라당 정강정책을 대폭 수정해 '국민과의 약속'이란 이름의 새로운 정책 기조를 발표했다. 과거 정강정책이 작은 정부, 큰 시장과 공정하고 투명한 시장 질서를 강조한 반면 새누리당의 새 정강정책은 제1조에 '행복한 복지국가'를 명시한 게 상징적이었다. 또한 민생과 복지를 강조하는 조항을 넣고 정부의 적극적인 시장 개입을 명문화하는 의미에서 경제민주화 조항을 명시했다. 기존의 자유주의적 입장에서 크게 벗어나 서유럽의 보수정당들이 지향하는 중도보수 또는 수정보수주의에 가까운 입장으로 크게 선회한 셈이었다.[5] 또한 복지와 일자리, 경제민주화를 핵심축으로 하고 국민 행복을 전면에 내세운 것은 총선은 물론 연말 대선을 겨냥해 중도 성향으로 정책 기조를 전환하겠다는 뜻을 내포하고 있었다. 경제민주화 주창론자인 김종인 전 청와대 경제수석을 비대위원에 임명하고 선대위 전면에 내세운 것도 이런 전략의 연장선상에서 취해진 조치였다.

　반면 민주당은 야권통합에 올인하는 전략을 택했다. 안철수의 '새 정치'와 시민운동가인 박원순 서울시장의 당선으로 야당의 존립 자체가 위협받는 상황에서 시민사회 세력과의 통합을 통해 당의 외연을 넓히는 동시에 여론의 지지를 회복하고자 했다. 이에 문재인·김두관·문성근 등이 주축이 된 '혁신과 통합'과 한국노총이 통합 논의에 동참하면서 12월 16일 민주통합당이 공식 출범하게 됐다. 2012년 1월 15일 전당대회에서 한명숙 전 국무총리를 새 대표로 선출한 민주통합당은 곧바로 통합진보당과 야권연대 논의에 착수했다. 민주당으로서는 시민단체와는 통합, 진보정당과는 연대라는 방식을 통해 위기를 돌파하고자 한 셈이었다. 무상급식 정책을 한층 확대한 3+1 무상복지 시리즈도 정책 공약으로 내놓았다.

　하지만 이미 박근혜 위원장과 새누리당이 훨씬 더 획기적인 수준의 경제민주화 공약을 내걸며 여론의 시선을 붙잡은 상황에서 민주통합당의 무상복지 공약은 재탕이란 인상과 뒷북을 친다는 느낌을 줄 수밖에 없었다. 게다가 선거 기간 내내 야권 후보 단일화와 후보 공천을 둘러싸고 각 정당과 세력들끼리 갑론을박과 세 대결만 계속하면서 정책 개발과 홍보는 자연히 소홀해졌다. 결국 새누리당은 총선을 앞두고 내부 단속과 정책 승부수로 무장한 반면 민주통합당은 새누리당과의 싸움보다는 내부 지분 다툼에만 몰두하면서 야당에게 훨씬 유리한 선거 지형이란 평가에도 불구하고 국민적 지지를 얻는 데 실패하고 말았다.

2. 19대 총선과 문재인·안철수 단일화

야권 스스로 무너진 19대 총선

4월 11일 치러진 19대 총선은 결국 과반 의석을 얻은 새누리당의 승리로 끝났다. 새누리당은 152석을 획득한 데 비해 민주통합당은 127석을 차지하는 데 그쳤다. 민주통합당과의 선거연대로 내심 원내 교섭단체 의석수20석까지 기대했던 통합진보당도 13석에 머물렀다. 총선 전만 해도 대부분의 언론과 정치권, 여론조사 기관들은 야당의 승리를 예상했지만 막상 뚜껑을 열고 보니 민심은 여전히 야당을 신뢰하지 못하고 있는 것으로 드러났다. 정세 판단 능력도 부족했고, 선거 전략도 부실했으며, 무엇보다 실력과 의지가 빈약했다. 민주통합당 자체 평가에서도 "계파 중심으로 공심위가 구성되다 보니 체계적인 공천이 이뤄지지 못했고, 또한 야권연대가 필요충분조건이 아님에도 불구하고 '야권연대=총선 승리'라는 등식에 과도하게 경도되면서 결국 패배했다"고 자성할 정도였다.[6]

전문가들도 새누리당의 승리라기보다는 민주통합당을 비롯한 야권의 자멸이었다며 냉정한 비판을 가했다. 선거 직후 동아시아연구원EAI이 중앙일보·SBS·한국리서치와 공동으로 실시한 19대 총선 패널 조사에 따르면 새누리당의 승리 원인에 대해 가장 많은 응답자인 38.2%가 '야당이 잘못해서'라고 답했다. '박근혜 위원장이 잘해서'라는 응답은 27.5%로 2위였다. 사실상 4·11 총선 승리의 일등공신은 박근혜 위원장이었다는 점에서 야당에 대한 실망감이 얼마나 컸는지를 단적으로 보여주는 지표였다. 주된 원인으로는 공천 과정에서의 잡음, 민주통합당과 통합진보당의 선거연대 과정에서 불거진 파열음, 일부 후보의 막말 파문과 이에 대한 부적절한 대응 등이 꼽혔다. 이명박 정부의 낮은 지지도에 서민경제는 여전히 힘든 데다 서울시장 보궐선거에서 드러났듯이 정치개혁을 바라는 민심이 선거판을 뒤흔들 것으로 전망되면서 야당의 승리 가능성이 그 어느 때보다 높았지만 결과적으로 국민이 애써 차려놓은 밥상을 제 발로 걷어찬 격이 돼버렸다.

민주당으로서는 총선 패배라는 결과도 충격적이었지만 국민적 신뢰를 회복하지 못했다는 점이 더욱 뼈아팠다. 이는 뒤이은 18대 대선 정국에도 고스란히 영향을 줄 수밖에 없기 때문이었다. 하지만 이 또한 자업자득이란 점에서 변명의 여지가 없었다. 게다가 민주당은 주어진 기회를 살리지 못하면서 거꾸로 정치 구조적 위기에 봉착하게 됐다. 2011년 서울시장 보궐선거에서는 무소속 정치 신인의 강력한 등장에 야당의 존재 의미조차 위협받는 상황에 처한 데 이어 2012년 총선에서는 집권 여당의 강력한 차기 주자인 박근혜 새누리당 비대위원장에게 경제민주화 담론마저 선점 당하면서 안팎으로 협공을 받는 신세로 전락해 버린 것이다. 두 차례의 중요한 선거에서 주인공은 각각 안철수 서울대 교수와 박근혜 위원장이었고 민주당은 어느 선거에서도 주목받지 못했다. 박근혜 위원장과 새누리당이 사회경제 정책의 중도화와 폭넓은 인물 교체를 통한 후보 공천으로 구조적 불리함을 순화시켰다면 야당 선거연합은 사회경제 분야를 포함한 정책 공약의 경색과 공천 논란 등으로 인해 우호적 구조를 상당 부분 잃는 결과를 낳았다고 볼 수 있다.

4·11 총선 결과에 대한 또 다른 관전 포인트는 왜 이명박 정부에 대한 '회고적' 평가가 이뤄지지 않았느냐는 점이었다. 일반적으로 대통령이나 총리의 임기 도중에 선거가 치러질 경우 집권 여당이 불리하기 마련이다. 특히 4·11 총선은 이명박 정부 마지막 해에 실시되는 만큼 유권자들의 '응징 투표'가 현실화될 가능성이 그 어느 때보다 클 것으로 관측됐다. 하지만 총선 결과 새누리당이 승리를 거두자 학계에서는 "2012년 12월로 예정돼 있는 대통령 선거를 의식한 유권자들의 정치적 고려 때문"[7]이라거나 "잠재적 대선후보에 대한 유권자의 정서적 태도가 투표 선택의 주요한 기준으로 등장한 것"[8]이란 분석이 제기됐다.

　　동아시아연구원EAI과 중앙일보·SBS·한국리서치가 총선 직후 실시한 패널 조사를 분석한 결과 이 같은 경향은 특히 새누리당 지지자와 보수 성향 유권자들 사이에서 두드러지게 나타났다. 불과 8개월여 뒤에 총선보다 더 중요한 대선이 치러지는 상황을 감안해 자신이 지지하는 정당과 대선후보를 총선 때부터 적극 밀어주자는 심리가 더 크게 작동한 것이란 설명이다. 이처럼 박근혜 위원장이 총선의 주요 변수로 자리매김하면서 이념적 요인은 총선 결과에 거의 영향을 미치지 못한 것으로 분석됐다. 반면 야당 지지자들의 경우 야당의 실책과 무능을 제1의 패배 원인으로 꼽았다. 여야 지지층 사이에 나타나는 이 같은 인식의 차이는 자신이 지지하는 정당에 강력한 대선후보가 존재하는지 여부에 따라 총선 결과에 대한 평가 또한 정반대로 나뉜다는 점을 보여주고 있다. 이를 야당의 책임성 측면에서 보면 강력한 차기 리더십의 존재 유무가 지지층 확보·유지를 통한 대여 견제와 선거 승패에 큰 영향을 끼친다는 가설을 또다시 증명해주는 사례라 할 수 있다.

안철수 현상이 주도한 대선 정국

총선이 끝나자 여야는 곧바로 대선 체제로 돌입했다. 새누리당은 5월 15일 전당대회에서 황우여 당 대표를 비롯해 지도부 7명 중 6명을 친박계로 구성하고 이한구·진영 의원을 원내대표와 정책위의장으로 선출하며 박근혜 체제를 확고히 했다. 반면 민주통합당은 친노 핵심인 이해찬 당 대표와 DJ 핵심 측근이었던 박지원 원내대표 조합을 내세웠지만 '정치적 담합이냐, 단합이냐'는 당내 논란에 휩싸이면서 인적 쇄신 효과가 크게 반감됐다. 이 또한 강력한 차기 리더십의 유무에 따른 내부 단합과 분열의 결과였다. 박근혜 위원장을 중심으로 일사분란하게 뭉친 새누리당과 달리 민주통합당은 문재인 상임고문을 대선후보로 미는 당내 친노 주류와 '장외 최강자'인 안철수 서울대 교수와의 연대를 통해 주류 견제와 세력 확대를 동시에 꾀하려는 비주류의 뿌리 깊은 갈등이 다시 한 번 발목을 잡았다. 충분히 이길 것으로 전망된 총선에서 패하고도 국민의 따가운 시선은 아랑곳하지 않고 여전히 주류와 비주류 간 당내 세력 다툼에 매몰돼 있었던 것이었다.

민주통합당의 지리멸렬함은 곧 안철수 교수에 대한 관심의 증대로 이어질 수밖에 없었다. 실제로 2012년 들어 안철수 교수는 박근혜 위원장에 맞서는 제1의 대항마로 줄곧 자리매김해 왔다. 한국갤럽이 2012년 1월부터 5월까지 실시한 주요 대선후보 지지도 조사를 종합한 결과 다자 구도에서 박근혜 위원장은 31%1월에서 38%5월로 지속

한국 정치, 야당의 길을 묻다

적인 상승세를 기록하고 있었다. 또한 안철수 교수는 21~23%를 꾸준히 유지하며 2위 자리를 굳혀가고 있었다. 반면 문재인 상임고문은 10%1월에서 16%3월로 상승했다가 4월 총선 이후 하락세로 돌아서 5월엔 11%에 그쳤다. 양자 대결의 경우 격차가 더욱 좁혀졌다. 안철수 교수는 3월과 4월 연속해서 41%를 얻으며 43%의 박근혜 위원장과 오차범위 내에서 치열한 접전을 벌이고 있는 것으로 나타났다.

그런 가운데 안철수 교수는 조금씩 정치 참여 쪽으로 발언 수위를 높여 나갔다. 2월 6일 자신의 안랩 주식 절반을 기부해 안철수 재단가칭을 설립하겠다는 계획을 밝히는 자리에서 안철수 교수는 "우리 사회의 발전적 변화에 어떤 역할을 하면 좋을지 계속 생각 중이며 정치도 그중 하나일 수 있다"며 대선 출마 가능성을 처음 시사했다. 이어 3월 27일 서울대 강연에서는 "정치인들이 정치를 잘하면 내가 굳이 나설 이유가 없다"면서도 "사회의 긍정적 발전을 일으킬 수 있는 도구로 쓰일 수만 있다면 설령 정치라도 감당할 수 있다"고 '도구론'을 내세우며 한 발짝 더 나아갔다. 5월 24일 대변인을 영입한 안철수 교수는 7월 19일 현 체제를 낡은 정치로 규정하며 여야 정치권을 동시에 비판하는 내용을 담은 대담집 『안철수의 생각』을 펴내며 여론의 관심을 최고조로 끌어올렸다.

이후 정치권의 이목은 박근혜 전 새누리당 비대위원장도, 문재인 민주통합당 상임고문도 아니라 안철수 교수의 일거수일투족에 온통 쏠렸다. 최대 관심사 또한 안철수 교수가 과연 18대 대선에 출마할 것이냐 여부였다. 결국엔 출마할 것이란 관측이 우세한 가운데서도 안철수 교수가 박원순 서울시장에게 후보직을 전격 양보한 전력 때문에 안철수 교수의 최종 선택이 어떻게 될지 섣불리 예단하기 힘든 상황이었다. 더욱이 서울시장 후보를 미련 없이 양보한 안철수 교수의 행보가 기존 제도권 정치에서는 좀처럼 찾아보기 힘든 파격적인 결정이었다는 점에서 어느 누구도 안철수 교수의 속내를 자신 있게 짚어내지 못했다. 이처럼 안철수 교수가 대선 정국의 한가운데 자리하면서 새누리당과 민주통합당 등 여야 정당은 주변부로 밀린 채 모두들 안철수 개인의 입만 쳐다보는 초유의 기형적 상황이 펼쳐지게 됐다.

또한 이는 국민적 기대와 달리 정쟁에만 몰두하고 정치적 독과점 구도 속에서 기득권 지키기에만 집착하는 구태의연한 정치권에 준엄한 심판을 내려야 한다는 목소리가 안철수라는 개인을 통해 표출되고 있는 것이란 점에서 '안철수 현상'을 바라보는 여야의 시선은 착잡할 수밖에 없었다. 이는 동시에 정당의 위기이기도 했다. 실제로 한국갤럽이 7월 25일 안철수 교수의 대선 출마 방식에 대해 여론조사를 실시한 결과 안철수 지지자의 절반에 가까운 49%가 기존 여야 정당이 아닌 제3의 독자 후보를 선호해 야권 단일 후보 선호46%보다 많은 것으로 나타났다. 정권의 향배가 걸린 대선에서조차 제도권 정당이 여론의 신뢰를 받지 못하고 있음이 수치로 입증된 셈이었다. 반면 문재인 상임고문 지지자의 경우 75%가 야권 단일 후보를 선호해 동상이몽의 모습을 보였다.

결국 안철수 교수는 9월 19일 '국민통합을 향한 정치쇄신'을 내걸고 대선 출마를 공식 선언했다. 이에 민주통합당은 '무소속 대통령 불가론'을 펴며 범야권 후보 단일화를 압박했다. 9월 16일 민주통합당 대선후보로 선출된 문재인 후보도 "정당에 기반을 둬야 성공적으로 국정을 운영할 수 있으며 정당을 떠난 대의민주주의는 성립하지 않는다. 박근혜 후보에게 어부지리를 안겨주는 선택은 하지 않으리라 믿는다"며 안철수 후보의 민주통합당 입당 후 단일화를 촉구했다. 이에 대해 안철수 후보는 "무소속 대통령이 국회를 존중하고 양쪽을 성실히 설득해 나가면 오히려 국정을 더 잘 운영할 수 있다"고 반박하며 무소속으로 대선을 완주하겠다는 입장을 거듭 확인했다.

'안풍'을 바라보는 민주통합당 내부의 시각도 여러 갈래로 나뉘었다. 한편에서는 안철수 현상의 본질을 정치적 비주류의 대두로 파악한 뒤 이런 현상은 민주주의 국가에 어느 정도 존재하기 마련이란 분석을 내놨다. 그러면서 한국정치사에서도 정주영을 비롯해 노무현·정몽준·문국현 후보의 부상이 정치적 비주류 현상의 일부분이었다고 주장했다. 다른 한편에서는 기존 정치에 대한 불신을 반영하는 반反정치적 경향과 기존 정당 체제를 개혁하려는 능동적 경향의 결합이라고 정의했다. 이 같은 시각의 혼재는 안철수 현상이 대선 정국을 강타하고 있는 데 대한 민주통합당의 고민을 단적으로 보여주는 모습이기도 했다. 이런 상황 속에서 민주통합당과 문재인 후보는 집권 여당의 대선후보이자 지지도 1위를 굳건히 지켜가고 있는 박근혜 후보를 견제하는 동시에 무소속 안철수 후보와의 범야권 후보 단일화를 성사시켜야 하는 이중의 부담을 떠안게 됐다.

3. 대선 정국에서 드러난 야당의 한계

끝까지 단일화에만 의존한 민주당

결국 18대 대선 막바지의 최대 변수는 후보 단일화로 모아졌다. 지지도 2위인 안철수 후보와 3위인 문재인 후보의 단일화가 성사될 경우 박근혜 새누리당 후보와의 양자 대결에서 충분히 승산이 있는 것으로 나타났다. 한국갤럽이 9월 17~21일 실시한 여론조사에서도 안철수 후보로 단일화가 이뤄질 경우 47%를 얻어 45%의 박근혜 후보를 이기는 것으로 조사됐다. 문재인 후보로 단일화될 경우에도 44%를 얻으며 47%의 박근혜 후보와 오차범위 내에서 접전을 펼칠 것으로 전망됐다. 반면 다자 구도로 대선이 치러질 경우 박근혜 후보 39%, 안철수 후보 28%, 문재인 후보 22%로 박근혜 후보가 여유 있게 승리할 것으로 예측됐다. 민주통합당은 이 같은 여론조사를 근거로 "단일화만이 살 길"이라며 안철수 후보를 압박했다. 재야인사들 모임인 원탁회의도 "단지 후보들만의 결합이 아니라 세력의 통합과 지지 기반의 확대로 나아가야 한다"며 단일화 논의에 나설 것을 촉구했다.

결국 단일화 문제는 안철수 후보가 정치권의 진정한 변화·혁신과 국민의 동의 등 두 가지 전제조건을 제시한 데 대해 문재인 후보가 10월 22일 정치혁신안을 발표하고 이에 안철수 후보가 "국민이 단일화 과정을 만들어주면 그에 따를 것"이라고 밝히면서 물꼬가 트이기 시작했다. 하지만 협상은 시기와 방식을 둘러싼 신경전으로 난항을 겪었고, 11월 18일과 22일 두 후보가 직접 만나 담판을 짓기도 했지만 여론조사 방식과 질문 문항을 놓고 이견이 좁혀지지 않았다. 그러자 단일화 시한을 이틀 앞둔 11월 23일 저녁 안철수 후보는 "단일화 방식을 놓고 더 이상 대립하는 것은 국민에 대한 도리가 아니며, 옳고 그름을 떠나 새 정치에 어긋나고 국민에게 더 많은 상처만 드릴 뿐"이라며 대선후보 사퇴를 전격 선언했다.

이는 문재인 후보 측은 물론 안철수 후보의 최측근들조차 전혀 예상하지 못한 파격이었다. 1년여 전 박원순 시장에게 서울시장 후보직을 전격 양보하던 모습이 데칼코마니처럼 오버랩되는 순간이었다. 이로 인해 초미의 관심사였던 범야권 후보 단일화는 단일 후보 추대와 같은 세리머니도, 결과 승복에 따르는 감동도 없는 단일화가 되고 말았다. 당초 목표로 했던 국민의 박수와 축복 속에 인정받는 '아름다운 단일화'가 무산되고 만 것이었다. 하지만 이 같은 '어정쩡한 단일화'로는 최대의 시너지 효과를 기대할 수 없었다. 안철수 지지층의 경우 새누리당은 반대하지만 그렇다고 민주통합당을 적극 지지하지도 않는 유권자들이 상당수를 차지하고 있었기 때문이었다. 실제로 한국사회여론연구소KSOI와 한겨레가 12월 12일 실시한 여론조사에서 기존 안철수 후보 지지자의 64.8%만 문재인 후보를 지지하는 것으로 나타났다. 여기에 문재인 후보에 대한 안철수 후보의 지원유세도 소극적인 수준에 머물면서 더 이상의 단일화 효과는 기대하기 힘들게 됐다.

민주통합당으로서는 멀게는 2002년 노무현·정몽준 단일화부터 2010년 6·2 지방선거와 2012년 19대 총선 등 주요 고비 때마다 제1의 선거 전략으로 활용해온 후보 단일화에 2012년 대선 때도 똑같이 의존할 수밖에 없는 현실 속에서 이 같은 어정쩡한 단일화로는 결코 승리를 장담할 수 없었다. 그리고 이런 우려는 선거 결과에 그대로 나타났다. 실제로 대선 후 조사 결과 안철수 지지자의 65.2%만 문재인 후보 쪽으로 이동한 것으로 나타났다. 이는 대선 일주일 전 KSOI 조사 결과64.8%와 거의 차이가 없는 수치였다. 대선 개표 결과 박근혜 새누리당 후보는 1,577만 3,128표51.55%를 획득해 1,469만 2,632표48.02%를 얻은 문재인 민주통합당 후보를 108만 496표3.53%포인트 차이로 제치고 제18대 대통령에 당선됐다.

18대 대선은 민주화 이후 처음으로 유의미한 제3의 대선후보 없이 두 후보가 그야말로 강 대 강의 맞대결을 펼친 대선이었고 그로 인해 두 진영의 지지층 또한 총동원된 선거였다. 그런 만큼 문재인 후보의 득표수도 역대 대선 패자의 득표수 중 최다였다. 2008년 17대 대선에서 승리한 이명박 한나라당 후보의 득표수1,149만 2,389표보다도 320만 243표나 많았다. 하지만 박근혜라는 벽을 넘지 못하고 정권 교체의 문턱에서 주저앉을 수밖에 없었다. 한국갤럽이 12월 13~19일 실시한 여론조사에서도 박근혜 후보와 문재인 후보가 44~47% 내에서 1~2%포인트 차이의 초박빙 접전을 벌이는 것으로 나타나는 등 선거일 직전까지 누구도 승리를 점치기 힘든 혼전 상황이었음을 고려하면 박근혜 후보가 과반 득표에 100만 표 이상의 차이로 승리를 거둔 것은 예상을 뛰어넘는 결과였다. 이는 곧 이명박 정부에 대한 국민적 공분이 압도적이었음에도 불구하고 내부 분열과 선거 전략 부재로 인해 이 같은 우호적 조건을 전혀 활용하지 못한 채 새누리당에 패하고 말았다는 점에서 민주통합당에 적잖은 숙제를 남긴 결과이기도 했다.

박근혜의 힘에 압도당한 민주당의 무능

　민주통합당의 대선 패배 원인에 대해서는 학계와 정치권에서 다양한 분석이 제기됐다. 야권의 정치공학적인 후보 단일화 과정의 문제부터 50대의 반란, 박근혜 후보의 민생·정책 중심 전략, 사퇴한 안철수 후보의 지원에만 의지하는 것처럼 보였던 민주통합당의 선거 전략 등이 주된 요인으로 거론됐다. 반면 이명박 정부에 대한 국민적 시각과 평가가 극히 비판적이었음에도 불구하고 대선 결과에는 별다른 영향을 미치지 못한 것으로 나타났다. 야당의 책임성 측면에서 볼 때도 이는 이례적인 결과였다. 야당은 대통령과 집권 여당을 견제하고 나름의 정책 대안을 내놓음으로써 국민적 신뢰와 공감대를 확보해 나가며 이를 바탕으로 집권을 추구하는 것을 제1의 목표로 삼는다. 그런 점에서 대선은 현 정부를 심판하고 야당의 집권 능력을 검증받을 수 있는 절호의 기회로 인식돼 왔다.

　하지만 18대 대선에서는 이 같은 회고적 평가가 투표 선택에 별 영향을 미치지 못했다. 이명박 정부의 국정 운영 실적에 대한 평가가 매우 부정적이었음에도 불구하고 여당 후보로 나선 박근혜 후보가 승리를 거둔 결과는 이명박 정부에 대한 회고적 평가가 유권자의 후보 선택에 미친 영향력이 제한적이었음을 보여준다. 대신 박근혜 후보에 대한 '전망적 평가'와 개인적 선호도가 투표 결정에 큰 영향을 끼친 것으로 분석됐다. 동아시아연구원 등이 실시한 대선 패널 조사에서도 국정 운영을 잘할 것 같은 후보로 응답자의 절반에 가까운 47.2%가 박근혜 후보를 꼽았다. 문재인 후보는 29.0%에 불과했다. 심지어 무당파 유권자들도 문재인 후보29.6%보다 박근혜 후보36.9%의 손을 들어줬다.[9]

대선 직후 진행된 패널 조사에서도 박근혜 후보에 투표한 유권자의 90.7%가 박근혜 후보의 국정 운영 능력을 긍정적으로 전망하는 것으로 나타났다. 이는 박근혜 후보가 집권 여당의 대선후보로 나섰음에도 불구하고 이명박 정부의 낮은 지지도에 영향을 받기보다는 자신에 대한 긍정적 이미지를 무기로 대선 정국을 정면 돌파하는 데 성공했음을 의미했다. 1년 내내 안철수 현상과 야권 후보 단일화 협상이 대선 정국을 휩쓸었음에도 불구하고 지지도 1위 자리를 굳건히 지켜낸 것은 박근혜 후보의 공이 절대적이었다는 분석이다.

실제로 대선 막바지 유세가 한창일 무렵 문재인 캠프 내부에서도 "박근혜의 벽을 넘긴 쉽지 않을 것"이란 우려가 폭넓게 퍼져 있었다. 당시 문재인 캠프 핵심관계자는 "지역을 돌다 보면 60대 이상 할머니들이 자발적으로 유세장에 나와 박근혜 후보의 손을 꼭 부여잡고 눈물을 흘리는 모습이 거의 모든 유세마다 반복됐다"며 "수많은 선거를 치러봤지만 이런 후보를 이기기는 결코 쉽지 않다"고 토로하기도 했다. 전쟁의 폐허 속에서 경제 성장을 일궈낸 박정희 전 대통령에 대한 중장년층의 향수가 비운에 명을 달리 한 박정희 전 대통령의 딸에게 빚을 졌다는 심리로 이어지면서 공고한 박근혜 지지층을 형성했다는 게 문재인 캠프의 내부 분석이었다. 대선이 끝난 뒤 문재인 캠프 관계자가 "마치 귀신과 싸우는 느낌이었다. 귀신하고 싸워서 어떻게 이기겠느냐. 박근혜 후보 뒤에는 박정희 전 대통령이 늘 붙어 다녔고, 그 둘을 상대로 승리를 거두긴 결코 쉽지 않았다"고 회고한 것도 이 같은 고민을 단적으로 드러내주는 발언이었다.

하지만 박근혜 후보에 대한 전망적 투표 성향이 강했다고 해서 민주통합당의 무능과 무책임성이 면죄부를 받을 수는 없었다. 선거는 상대방의 실수가 있어야 승리 가능성이 커지지만 결국엔 자신의 능력과 전략이 뒷받침돼야 승리를 거머쥘 수 있다. 야당의 책임성 측면에서 볼 때도 이명박 정부에 대한 회고적 평가의 영향이 미미한 반면 박근혜 후보에 대한 전망적 투표 성향이 강해 야당의 견제가 효과를 발휘하기 힘든 구조라면 정책 대안이란 또 다른 측면에서 유권자의 신뢰와 지지를 얻는 전략을 구사해야 했다. 마침 민주통합당은 2010년 6·2 지방선거에서 무상급식이란 정책 대안의 위력을 실감한 바 있었다. 그럼에도 민주통합당은 무상복지 시리즈를 선거 쟁점으로 부각시키려는 노력은 등한시한 채 오로지 야권 후보 단일화에만 매달리는 우를 범했다. 문재인 후보는 대선을 불과 10여 일 앞두고서야 대선 공약집을 발표했을 정도였다. 그러는 사이에 복지 담론과 경제민주화 공약의 주도권을 박근혜 후보에게 빼앗기고 말았고, 결과적으로 이는 대선 패배의 주요 요인 중 하나로 작용한 것으로 나타났다.

대선 후 각종 분석 결과도 이를 뒷받침하고 있다. 서울대 한국정치연구소와 한국리서치가 대선 직후 실시한 대면조사의 경우 박근혜 후보와 문재인 후보의 경제민주화 관련 정책을 어떻게 평가하느냐가 지지 후보 선택에 실질적으로 중요한 영향을 끼친 것으로 분석됐다. 동아시아연구원 등의 대선 패널 조사에서는 재벌 규제에 찬성하는 유권자 중 상당수가 박근혜 후보를 지지했고, 또한 박근혜 후보가 재벌 규제에 찬성한다고 판단한 유권자의 대부분이 박근혜 후보를 지지한 것으로 나타났다. 이는 재벌 규제에 찬성하는 유권자들의 표심을 문재인 후보와 민주통합당이 아닌 박근혜 후보와 새누리당이 가져갔다는 점에서 야당 입장에서는 뼈아픈 전략적 실책이 아닐 수 없었다. 12월 24일 한국갤럽이 대선후보 선택 이유를 물었을 때도 박근혜 후보와 문재인 후보 모두 '공약과 정책이 좋아서'라는 답변이 2위를 차지할 정도로 정책에 대한 국민적 관심은 일반적인 예상을 뛰어 넘는 수준이었다.

이는 18대 대선 결과를 좌우한 주요 변수 중 하나로 꼽힌 50대 표심이 박근혜 후보 쪽으로 돌아서는 결정적인 계기로 작용했다. 민주통합당이 보기에 60대 이상의 표심은 이미 박근혜 후보 쪽으로 넘어갔다고 판단됐으면 스윙 보터 역할을 맡게 될 50대 표심을 붙잡기 위한 전략적 접근법을 사용했어야 했다. 특히 50대는 경제 현실과 노후복지에 관심이 크다는 점에서 경제민주화와 복지 공약을 선점하는 게 무엇보다 중요했다. 하지만 문재인 캠프는 선거 기간 내내 50대 표심을 공략할 공약이나 정책에 전혀 관심을 기울이지 않았다. 이처럼 정책 대안의 중요성을 망각하는 야당의 무책임성은 총선이나 대선이나 별반 다를 게 없었다.

결과는 박근혜 후보의 전략적 승리였다. 대선 당일 방송사 출구조사에서도 박근혜 후보는 50대에서 62.5%를 얻어 37.4%를 얻은 문재인 후보를 무려 25.1%포인트나 앞선 것으로 조사됐다. 특히 50대 투표율이 82.0%로 60대 이상 투표율80.9%을 능가하며 세대별 투표율 1위에 오를 정도로 50대가 가장 적극적으로 투표장에 나갔다는 점에서 정책 대안을 통해 50대 표심을 잡으려 하지 않은 민주통합당의 근시안적 판단과 무책임성은 큰 아쉬움을 남길 수밖에 없었다. 그리고 이는 야당의 책임성 측면에서도 두고두고 회자될 반면교사로 남게 됐다.

한국 정치,
야당의
길을 묻다

3부
———

박근혜
정부와 야당

7장

박근혜 정부 1기

1. 초기 인사 실패 반복과 야당의 딜레마

불통과 오만이 부른 인사 참사

18대 대선 결과 박근혜 후보가 문재인 후보를 3.53%포인트 차이로 누르고 대통령에 당선되면서 새누리당은 정권 재창출에 성공했다. 반면 민주통합당은 2007년에 이어 또다시 고배를 마시면서 야당에서 탈출하는 데 실패했다. 특히 대선이 치러지기 불과 1년여 전만 해도 서울시장 보궐선거 등을 통해 이명박 정부에 대한 민심 이반이 확연히 드러난 데다 새누리당은 자중지란에 빠지면서 야당이 절대적으로 유리한 국면이 될 것이란 게 중론이었음에도 불구하고 이 같은 여론의 흐름을 살리지 못하고 총선과 대선에서 잇따라 패했다는 점에서 더욱 큰 타격을 받을 수밖에 없었다. 그런 가운데 박근혜 대통령이 국민대통합과 경제민주화, 복지 강화 등을 내걸고 헌정 사상 최초의 여성 대통령이자 부녀 대통령으로 화려하게 등장하며 국민적 기대감을 한 몸에 받으면서 야당의 존재감은 더욱 위축될 수밖에 없었다. 더욱이 많은 국민들에게 박근혜 대통령의 당선이 '박정희 신화'의 완성으로 받아들여지면서 야당의 위기감은 더욱 커져만 갔다.

하지만 박근혜 정부 또한 결국 실패하고 말았다. 박근혜 대통령의 자만심과 불통이 스스로의 발목을 잡았다. 첫 청와대와 내각 인사부터 '인사 참사'로 이어진 데다 창조경제를 앞세우며 야심차게 추진한 정부조직 개편마저 부실인사 논란과 야당의 강한 반발로 발이 묶이면서 취임 직후 대통령 지지도가 역대 최저 수준인 40%대까지 떨어졌다. 민심이 급격히 등을 돌린 데는 인사 논란 과정에서 나타난 박근혜 대통령의 불통과 오만의 리더십에 대한 실망도 크게 작용했다. 이는 특히 5년 전 이명박 대통령 집권 초기의 모습을 똑같이 반복하고 있다는 점에서 주목할 만하다. 이명박 대통령도 530여만 표 차이라는 압도적인 승리로 집권에 성공한 뒤 인수위와 첫 조각 인사에서 낙제점을 받으면서 집권 초기부터 대규모 촛불집회라는 강한 국민적 저항에 직면해야 했다. 그 과정에서 민심을 살피고 국민의 눈높이에 맞추려는 노력 없이 대선 승리에만 도취된 채 일방적으로 밀어붙이려는 모습을 보여 더욱 화를 키웠다는 점 또한 박근혜 정부와 다를 게 없었다.

박근혜 정부의 인사 논란은 국무총리 내정 단계부터 불거졌다. 대통령직인수위원회 위원장을 맡았던 김용준 전 헌법재판소장을 국무총리에 내정했지만 각종 투기 의혹에 휩싸이면서 결국 자진 사퇴하게 됐다. 이어 박근혜 정부 조직개편의 핵심이라고 할 수 있는 미래창조과학부 초대 장관으로 낙점된 김종훈 후보자 등 모두 7명의 고위공직

후보자가 각종 비위 의혹으로 잇따라 낙마했다. 하지만 박근혜 대통령은 인선을 둘러싼 각종 논란에도 불구하고 '전문성과 국정철학의 공유'만 강조하는 모습을 보이면서 고위공직 후보자들에 대한 검증엔 소홀하고 국민 여론은 대수롭지 않게 여긴다는 비판에 직면하게 됐다.

여론이 심상찮게 흐르자 민주통합당도 본격 비판에 나섰다. 특히 박근혜 대통령이 3월 4일 대국민담화에서 "정부조직법 개정안을 둘러싼 여야 대립으로 국정 공백 상태가 장기화되고 있지만 저는 대한민국 대통령으로서 국가의 미래를 위해 이 문제만큼은 물러설 수 없다는 절박한 상황"이라며 오히려 야당의 '발목잡기'라고 비난하고 나서자 민주통합당은 더욱 발끈했다. 정성호 민주통합당 수석대변인은 국회 브리핑에서 "국민 여론에는 귀를 막고 소통하지 않다가 이제야 다급해져 입법을 강요하는 것은 지도자로서 염치없는 행동"이라며 "박 대통령은 마치 자신을 정당한 피해자로 포장하고 싶었겠지만 진정한 피해자는 국민이고 불통과 잘못된 인사로 일관해온 박 대통령이야말로 진짜 가해자"라고 비판했다. 문희상 비대위원장도 "오만과 불통의 일방통행으로 이런 정치는 처음 본다. 담화가 아니라 선전포고이자 유신독재를 연상시키는 역주행의 극치"라며 각을 세웠다.

인사 논란이 끊이질 않으면서 정부조직 개편안도 국회에 제출된 지 52일 만에야 가까스로 통과할 수 있었다. 박근혜 대통령은 창조경제의 핵심 부처인 미래창조과학부의 외형을 지켜내며 명분을 확보한 반면, 민주통합당은 방송의 공정성을 담보할 수 있는 실효성 있는 견제장치를 마련하는 데 성공했다는 점에서 실리를 챙겼다는 평가가 나왔다. 정부조직법 통과로 박근혜 정부가 정식 출항하게 되면서 고비를 넘나 싶었지만 이후에도 한만수 공정위원장 후보자 등의 사퇴가 계속되자 박근혜 대통령은 결국 3월 30일 대국민사과문을 발표했다. 하지만 형식과 내용이 여론의 비난을 사면서 오히려 사태를 악화시키는 결과만 초래했다. 대통령 본인이 사과문을 발표한 게 아니라 허태열 비서실장 명의의 사과문을 김행 청와대 대변인이 대신 낭독했기 때문이었다. 게다가 토요일 오전에 17초 동안 단 두 문장만 읽고 서둘러 발표를 마쳤다.

야당도 청와대의 대응에 십자포화를 퍼부었다. 박지원 전 원내대표가 트위터에 올린 "국민을 졸卒로 보는 나쁜 사과"라는 글은 박근혜 정부의 인사 참사를 상징하는 말로 이후 한동안 회자되기도 했다. 박근혜 대통령의 인사 실책과 강경한 대응은 이후에도 두고두고 박근혜 정부의 발목을 잡았다. 한국갤럽이 박근혜 대통령 취임 100일을 맞아 5월 27~30일 실시한 여론조사에서도 박근혜 대통령이 직무수행을 잘못하고 있다고 보는 가장 큰 이유로 36%가 '인사 잘못과 검증되지 않은 인사 등용'을 꼽았다. '국민 소통이 미흡하고 투명하지 않아서'라는 응답도 7%로 '전반적으로 많이 부족한 것 같다'24%에 이어 3위를 기록했다.

대통령과 야당 지지도의 상관관계

이처럼 박근혜 대통령이 이명박 대통령의 집권 초기 모습을 그대로 반복하면서 야당 또한 전혀 예상치 못한 반전의 기회를 가질 수 있게 됐다. 5년 전 허무하게 정권을 넘겨주며 후유증에 시달릴 때 이명박 정부의 자책골이 기사회생의 계기를 제공해준 것처럼, 웬만해선 지기 힘든 선거 환경에서도 박근혜라는 벽을 넘지 못하고 또다시 패배의 쓴잔을 맛본 상황에서 박근혜 대통령의 자충수는 내부 전열을 재정비하고 대여 투쟁의 고삐를 다시 조일 수 있는 동인으로 작용했다. 한국 갤럽이 박근혜 대통령 취임 한 달을 맞아 3월 25~28일 실시한 여론조사에서도 박근혜 대통령이 직무를 잘 수행하고 있다는 응답은 41%에 그쳤다. 2월 첫째 주에 48%를 기록하며 50% 밑으로 내려간 지지도는 두 달 가까이 반등의 계기를 잡지 못하고 계속 40%대에 머물렀다. 이는 역대 대통령 취임 한 달 지지도와 비교해도 최저치였다. 한국갤럽의 대통령 취임 1년차 1분기 지지도 조사에서 김영삼·김대중 대통령은 각각 71%, 노무현 대통령은 60%, 이명박 대통령은 52%를 기록했다.

이는 두 가지 측면에서 반면교사의 교훈을 던져주고 있다. 첫째는 아무리 대선에서 승리했다 하더라도 이를 국민의 전폭적인 권한 위임이라고 아전인수로 해석한 뒤 자기 입맛에 맞는 사람과 정책만 쓸 경우 즉각적인 역풍을 맞게 된다는 점이다. 민주화 이전 군사독재 정권에서는 대통령과 집권 여당이 무소불위의 권한을 갖고 있었지만 민주화 이후 21세기 들어서는 유권자들이 투표를 통해 당선된 대통령에게 권한 못지않게 그에 상응하는 책임도 부과한다는 사실을 이명박 대통령과 박근혜 대통령은 인지하지 못하고 있었던 것이다. 이는 '여론과 민의를 반영하는 게 책임성의 본질'이란 명제가 야당은 물론 대통령과 여당에게도 똑같이 적용됨을 실증해주는 사례라는 점에서 시사하는 바가 크다.

둘째는 비록 대통령과 여당의 실책이 크더라도 그것만으로는 야당 지지도가 올라가기 힘들다는 점이다. 여당과 야당의 지지도는 제로

섬 게임과 같아 어느 한 쪽이 자멸할 경우 다른 한 쪽의 지지도가 올라가는 경향성을 보인다. 하지만 대통령의 잘못이 야당의 지지도로 곧바로 연결되기는 쉽지 않다는 게 한국정치의 경험칙이었다. 지지도의 오르내림에는 어느 정도의 시차가 존재할 뿐 아니라 대통령의 실정이 일회성을 넘어 반복적으로 나타날 경우에만 야당의 유의미한 지지도 상승으로 이어지곤 했다는 점에서다.

문제는 대통령의 지지도 하락만으로는 야당의 지지도 상승을 지속적으로 견인하지 못한다는 점이다. 상대의 실책이나 자멸은 곧 나의 행운이란 점에서 이명박 정부와 박근혜 정부 초기의 야당은 뜻하지 않은 호재를 만난 셈이지만 자체적인 노력과 성과를 통해 지지를 이끌어낸 게 아니라는 점에서 한계가 뚜렷할 수밖에 없었다. 실제로 박근혜 대통령 지지도가 41%로 역대 최저치를 기록한 한국갤럽의 취임 한 달 여론조사에서 새누리당은 박 대통령 지지도와 동일한 41%, 민주통합당은 21%를 기록했다. 두 달 전 41%와 24%였던 것과 비교할 때 박근혜 대통령의 기록적인 지지도 하락에도 불구하고 새누리당 지지도는 그대로인 반면 민주통합당 지지도는 오히려 3%포인트나 떨어졌다.

이는 대통령에 대한 여론의 평가와 야당에 대한 지지는 별개의 기준에 의해 이뤄지는 것임을 보여주는 사례라고 할 수 있다. 2008년 이명박 대통령의 인사 파문에 강경 대처하며 '견제론'을 내세웠던 야당이 뒤이은 총선에서 별다른 성과를 거두지 못한 것처럼, 박근혜 정부에서도 야당이 인사 참사에 대해 맹공을 퍼부었지만 박근혜 정부에 등을 돌린 여론을 자기편으로 만드는 데는 실패했다는 점에서다. 야

한국 정치, 야당의 길을 묻다

당의 책임성 측면에서 볼 때도 이는 적잖은 시사점을 던져주고 있다. 이명박 정부 때와 마찬가지로 박근혜 정부에서도 유권자들은 대통령에 대한 견제나 비판만으로는 야당이 여론과 민의를 제대로 반영한다고 평가하지 않는 것으로 밝혀졌다. 수동적·대응적 차원에서의 견제·저항과 일회성에 그치기 쉬운 비판만으로는 야당의 책임성을 다했다고 평가받지 못한다는 게 두 번의 정부를 거치면서 실증적으로 입증된 것이다. 거꾸로 이는 선제적·적극적·주도적 견제와 그에 따른 주체적 대안 제시가 야당의 책임성을 완수하고 이를 통해 여론의 지지와 신뢰를 얻는 길임을 보여줬다는 점에서 박근혜 정부에서의 야당에게 또 다른 숙제를 안겨준 셈이 됐다.

2. 4·24 재·보선과 박근혜 정부 공약 폐기

안철수의 귀국과 민주당의 딜레마

대선에서 패한 민주통합당 앞에 놓인 당면과제는 패배의 후유증을 조기에 수습하고 당의 쇄신과 변화를 꾀함과 동시에 내부 화합을 다지는 일이었다. 당장 당 지도부가 사퇴한 상황에서 하루빨리 새 지도부 체제를 갖추는 게 급선무였다. 이에 따라 일단 비상대책위원회 체제로 당을 운영하기로 하고 1월 9일 국회의원·당무위원 연석회의를 열어 5선의 문희상 의원을 비대위원장으로 합의 추대했다. 문희상 위원장은 취임 일성으로 "국민의 뜻을 받들어 리모델링이 아닌 재건축 수준으로 당을 혁신하겠다"며 각오를 다졌다. 이어 "야당이 밤낮 반대만 하거나 민생·안보 문제에서 택도 없이 걸고넘어지기만 하면 안 된다. 잘하는 것은 화끈하게 잘한다고 하면서 분명히 각을 세우는 강력한 야당이 돼야 한다"며 박근혜 정부를 맞아 새로운 야당의 모습을 제시했다.

하지만 현실은 결코 녹록지 않았다. 당장 지난 대선에서 야권 후보 단일화 직전 후보를 사퇴하고 대선 당일 미국으로 출국했던 안철수 전 서울대 교수가 3월 11일 귀국하면서 정계 복귀와 4·24 재·보궐선거 출마를 선언했다. 안철수 전 교수는 "새 정치를 위해 어떤 가시밭길도 가겠다"며 서울 노원병 출마를 공식화한 뒤 "당선되면 원내에서 뜻을 같이하는 정치인들과 본격적인 세력화에 나서겠다"며 신당 창당 계획을 공개적으로 밝혔다. 이는 제1야당인 민주통합당에게 기회이자 위기로 다가왔다. 민주통합당으로서는 지난 대선 때 야권 후보로 분류됐던 안철수 전 교수의 복귀가 어찌됐든 야권의 파이를 키워줄 것이란 점에서 기대감을 가질 만했다. 반면 박근혜 정부에서 야권의 주도권을 안철수 전 교수에게 빼앗길 수 있다는 점에서는 커다란 위협 요인으로 받아들여졌다.

실제로 안철수 전 교수에 대한 여론의 기대감은 민주통합당에 대한 기대치를 넘어서고 있었다. 한국갤럽이 안철수 전 교수가 귀국하기 직전인 3월 4~7일 실시한 여론조사에서도 안철수 전 교수가 신당을 창당할 경우 어느 정당을 지지할 것이냐는 질문에 23%가 안철수 신당을 택했다. 새누리당은 37%였고 민주통합당은 11%에 불과했다. 아직 정계 복귀도 선언하지도 않은 안철수 전 교수의 신당이 민주통합당을 제치고 일약 정당 지지도 2위로 뛰어오른 것이었다. 민주통합당 지지자조차 38%가 안철수 신당을 지지하겠다고 밝혀 민주통합당을 지지하겠다는 응답49%과 별 차이를 보이지 않았다. 더욱 심각한 지표는 무당파 지지 성향으로 30%가 안철수 신당을 꼽은 데 비해 민주통합당을 지지하겠다는 응답은 3%에 그쳤다.

게다가 민주통합당으로서는 당장 4·24 재·보궐선거에서 서울 노원병에 자체 후보를 낼지 여부를 놓고 딜레마에 빠지게 됐다. 한편에서는 야권 후보가 분열되면 그만큼 승산이 낮아지는 데다 지난 대선에서 대선 후보를 사퇴한 안철수 전 교수에게 진 빚도 갚을 겸 공천을 하지 말자고 주장했다. 다른 한편에서는 그래도 엄연히 제1야당인데 박근혜 정부의 첫 재·보궐선거에서, 특히 유일한 수도권 지역구에서 후보를 내지 않는 것은 야당의 책임성을 망각하는 처사라고 반박했다. 이처럼 현실론과 명분론이 복잡하게 얽히는 가운데 4월 9일 대선평가위원회 보고서가 발표되면서 당내 갈등이 더욱 증폭됐다. 평가위는 보고서에서 사전 준비와 전략기획 미흡, 당 지도부의 책임의식과 리더십 취약, 계파정치로 인한 당의 분열, 민주당에 대한 국민적 신뢰 저하, 방만한 선대위 구성, 문재인 전 후보의 정치 역량과 결단력 유약 등을 6대 패배 요인으로 꼽았다. 이에 대해 범주류는 "감정적이고 비과학적인 보고서"라며 강력 반발했다. 특히 평가위원장인 한상진 교수가 안철수 대선캠프에 몸담았던 인사라는 점에서 보고서의 순수성과 정치적 의도에 의문이 제기됐다.

민주통합당은 결국 서울 노원병 무공천을 택했다. 후보를 낼 경우 안철수 전 교수에 대한 여론의 관심과 지지에 정면으로 맞서는 모양새가 연출될 수 있고, 안철수 전 교수에 패할 경우 후유증이 더욱 클

수 있다는 점을 우려한 결정이었다. 민주통합당의 무공천으로 안철수 전 교수는 어렵잖게 국회 입성에 성공했다. 민주통합당으로서도 무공천을 통해 향후 안철수 신당과의 연대 및 제휴 가능성을 열어놨다는 점에서 최악의 결과는 피했다고 볼 수 있었다. 하지만 다른 국회의원 선거 두 곳 모두 새누리당에 패한 데다 다섯 곳의 기초단체장과 기초의원 선거에서도 단 한 명의 당선자를 내지 못하면서 제1야당의 존재감은 더욱 위축될 수밖에 없었다. 게다가 박근혜 대통령이 초기 인사 실패와 불통 논란으로 최악의 지지도를 기록하고 있는 상황에서 반전의 기회를 살리기는커녕 오히려 안철수 전 교수에게 야권의 주도권을 빼앗길 처지에 몰리게 됐다는 점에서 위기의식은 더욱 커져만 갔다.

경제민주화·국민통합 노선 수정과 민주당의 무기력한 대응

박근혜 정부의 첫 재·보궐선거에서 당선자를 한 명도 내지 못한 민주통합당은 선거 직후인 5월 4일 전당대회를 열고 김한길 의원을 새로운 당 대표로 선출하면서 내부 정비에 나섰다. 당명도 다시 민주당으로 바꾸며 야당의 정통성을 강조했다. 다분히 안철수 신당의 부상을 의식한 결정이었다. 하지만 2000년 새천년민주당 창당 이후 8번째로 당명이 바뀌었다는 점은 야당의 책임성 측면에서 낙제점을 받을 만했다. 당의 간판인 당명을 정국 상황에 따라 수시로 바꾼 행보는 그만큼 당의 정체성이 확고히 정립돼 있지 않음을 의미하는 것이기 때문이었다. 정체성과 노선이 불분명한 정당이 여론의 신뢰와 지지를 얻기는 결코 쉽지 않은 데다 여론의 지지 없이 정당의 책임성을 수행하기는 더욱 어렵다. 결국 이처럼 잦은 당명 변경은 민주당 스스로 야당의 책임성을 망각하고 오로지 생존과 당 내부 권력 유지에만 몰두해왔음을 상징적으로 보여주는 사례라는 점에서 민주당으로의 당명 복귀도 긍정적인 효과를 기대하긴 어려운 근본적 한계를 안고 있었다.

더욱이 김한길 새 대표는 취임 후 당의 정강·정책도 중도주의 노선을 강화하는 방향으로 개정하는 한편 원칙 없는 포퓰리즘과 낡은 사고에 갇힌 교조주의와도 결별하겠다고 선언했다. 당내 비주류와 중도 성향 의원들의 전폭적인 지원으로 당선된 김한길 대표로서는 문재인 전 대표를 비롯한 친노 주류와 진보 성향 의원들을 견제하고 당내 리더십을 강화하기 위한 전략적 선택이었다. 중도 성향의 유권자들이 안철수 신당에 적극적인 지지를 보내고 있다는 점도 이 같은 노선 변경에 영향을 끼쳤다. 하지만 이는 당의 정체성 논란으로 이어질 수밖에 없었다. 민주당의 정체성을 진보·개혁 노선에 두느냐, 중도 노선에 두느냐에 따라 박근혜 정부를 견제하는 기준과 수위도 달라지기 때문이었다. 김한길 대표도 이를 의식한 듯 중도주의 강화에 더해 '강한 야당'을 표방하고 나섰지만 현실적으로 중도 노선과 강한 야당을 동시에 추구하기는 쉽지 않다는 게 당 안팎의 중론이었다.

이 같은 우려는 차츰 현실로 나타났다. 박근혜 정부의 노선 변경에 대해 제1야당으로서 제대로 견제·저항하지 못한 게 대표적인 사례다. 박근혜 대통령은 대선을 앞두고 경제민주화와 국민통합을 앞세우며 위기를 극복하고 야권으로부터 대선 정국의 주도권을 되찾는 데 성공했다. 박근혜 후보가 그때까지 야당의 전유물로 여겨졌던 경제민주화와 양극화 해소, 복지 확대를 정면으로 수용하는 형식을 취함으로써 정책 경쟁에서 야당의 선명성과 차별성을 무력화시켰고 이는 정권 재창출의 중요한 배경이 됐다. 하지만 대통령 취임을 나흘 앞둔 2월 21일 인수위원회가 발표한 5대 국정 목표에서 경제민주화는 빠져 있었다. 200쪽이 넘는 국정 목표와 국정 과제 해설서에도 경제민주화라는 단어는 한 번도 등장하지 않았고 그 자리를 '원칙이 바로 선 시장경제'가 대체했다. 인수위는 경제민주화위원회를 만들자는 제안이나 중소기업청을 중소기업부로 승격시키자는 제안도 받아들이지 않았다.

경제 분야 인사도 경제민주화와는 전혀 관계가 없는 인물들로 채워졌다. 현오석 경제부총리는 이명박 정부의 성장주의 경제정책을 강력히 지지해 왔고 조원동 청와대 경제수석은 박근혜 대통령이 2007년 제시한 '줄푸세' 공약의 신봉자였다. 더 나아가 박근혜 대통령은 7월 들어 경제민주화 입법이 어느 정도 마무리됐으며 이젠 경제활성화에 매진해야 할 때라고 강조하며 경제민주화에서 경제성장으로 정책 기조를 바꿀 것임을 공식화했다. 이는 박근혜 정부가 경제민주화와 경제활성화를 상충하는 관계로 받아들이고 있음을 보여준다는 점에서 우려를 낳았다. 더욱이 경실련이 박근혜 정부의 경제민주화 공약 이행 정도를 평가한 결과 공약 이행률이 22%에 불과한 것으로 조사되면서 논란은 더욱 확산됐다.

박근혜 대통령이 내건 국민대통합 공약이 각종 인사 편향 논란으로 인해 퇴색된 것도 야당에겐 호재였다. 사실 야권 내부에서는 "박근혜 대통령이 취임 후 6개월가량 국민대통합 기조를 유지할 경우 중도 성향 유권자들까지 지지 대열에 가세하면서 야권은 회복 불능의 궤멸 상태에 몰릴 수 있다"는 위기감이 팽배한 상태였다. 김한길 대표와 민주당이 당 안팎의 우려와 반대에도 불구하고 중도주의 강화를 전면에 내건 것도 이 같은 위기의식을 반영한 대응이란 분석도 나왔다. 하지만 민주당은 박근혜 정부가 경제민주화와 국민통합 공약을 사실상 중도 폐기한 점을 집중 부각해 정치 쟁점화하는 데 실패했다. 야당 입장에서는 대통령과 집권 여당의 아킬레스건을 공략할 수 있는 절호의 기회를 놓친 셈이었다.

문제는 민주당 스스로가 대여 견제와 공세에 화력을 쏟을 준비가 돼있지 않았다는 점이었다. 당 내부적으로 주류와 비주류의 주도권 다툼이 끊이질 않았다. 안철수 신당의 가시화에 따른 의원들의 동요도 만만찮았다. 이런 상황에서 집안 단속에 신경 쓰다 보니 대통령과 집권 여당 견제를 통한 야당의 책임성 수행은 뒷전으로 밀릴 수밖에 없었다. 그러면서 정국의 주도권도 자연스레 여권에 내주게 됐다. 박근혜 대통령이 내건 '비정상의 정상화'도 내용의 적실성은 차치하더라도 국민의 관심을 모으기에 충분했다. 여기에 통합진보당 의원들의 내란 모의 파문을 계기로 '종북 프레임'이 정국을 강타하면서 민주당은 더욱 위축될 수밖에 없었다.

민주당의 이 같은 소극적 대응과 무기력한 모습에 대한 여론의 비판도 갈수록 확산돼 갔다. 한국갤럽이 11월에 실시한 '민주당의 야당 역할 수행 평가'에서 응답자의 78%가 잘못하고 있다고 답했다. 6월에 61%였던 부정적 평가는 이후 69%→72%→77%로 매달 지속적으로 증가한 것으로 조사됐다. 민주당 지지자들조차 73%가 부정적 평가를 내려 새누리당 지지자나 무당파와 별 차이를 보이지 않았다. 민주당 지지율도 2003년 1월 24%에서 12월엔 20%로 오히려 4%포인트

낮아져 박근혜 정부의 초기 인사 파문과 불통 논란에도 야당 지지도는 좀처럼 오르지 못한 것으로 나타났다.

여론의 비판적 기류는 야당 의원들의 의정활동에 대한 평가에도 그대로 반영됐다. 11월 7일 한국갤럽이 박근혜 정부 첫 해 국정감사가 끝난 뒤 여당과 야당 중 어느 쪽이 국정감사를 더 잘했는지 물은 결과 여당이 18%, 야당이 15%, 둘 다 못했다는 답변이 34%를 기록했다. 국정감사는 야당은 공격, 여당은 수비가 기본 구도라는 점에 비춰볼 때 야당이 오히려 여당보다 더 박한 평가를 받았다는 사실은 박근혜 정부 첫 해 야당의 견제와 저항에 대해 국민들이 낙제점을 매겼음을 단적으로 보여줬다. 여론의 따가운 시선을 의식한 김한길 대표 등 민주당 지도부는 뒤늦게 국정원 대선 개입 의혹을 고리로 8월 말부터 50여 일간 서울 도심에 천막당사를 차리고 장외투쟁을 벌이기도 했지만 국민의 시선을 붙잡기엔 역부족이었다.

3. 전격적인 야권 통합과 6·4 지방선거

안철수의 세 번째 급선회

민주당이 지지부진한 상황을 면치 못하는 사이 4·24 재·보궐선거를 통해 국회 입성에 성공한 안철수 의원은 신당 창당을 통한 독자세력화에 본격 나섰다. 6월엔 '정책네트워크 내일'을 출범시키고 이사장에 최장집 고려대 명예교수, 소장에 장하성 고려대 교수를 영입해 주목을 모았다. 하지만 그의 구상과 달리 세력화 작업은 별다른 진척을 보지 못했다. 자신했던 인재 영입도 지지부진했던 데다 원내 교섭단체 위주로 돌아가는 정치 구조상 현안에 대해 목소리를 내고 영향력을 발휘하기도 쉽지 않았다. 당초 예상과 달리 민주당 의원들도 선뜻 안철수 지지를 선언하기보다는 상황을 주시하는 모습을 보였다. 안철수 신당이 최고 우량주로 기대를 한 몸에 받고 있는 것은 맞지만 제1야당이라는 안정된 울타리를 벗어던지고 말을 갈아탈 정도로 야권 내 균형추가 확실히 기운 상황은 아니라는 평가에서였다. 아무리 매력적인 어음이라도 따끈따끈한 현찰 대신 취하는 것은 주저되기 마련이었다.

그런 가운데서도 안철수 의원은 신당 창당이란 당초 목표에서 물러서지 않았다. 무엇보다 2014년 6·4 지방선거에서 안철수 신당의 존재감이 확인돼야 차기 대선에서도 유리한 고지를 점할 수 있었다. 12월 창당 준비 조직인 새정치추진위원회를 띄운 안철수 의원은 윤여준 전 환경부 장관을 영입하고 2014년 3월 '새정치연합' 창당 계획을 발표하는 등 속도를 내기 시작했다. 한국갤럽의 1월 둘째 주 여론조사에서도 안철수 신당은 31%의 지지를 얻어 36%를 획득한 새누리당에 이어 당당히 2위에 올랐다. 13%를 기록한 민주당보다 18%포인트나 높은 수치였다. 하지만 지방선거 정국이 본격화하면서 기류가 바뀌기 시작했다. 2013년 8월 김기춘 청와대 비서실장을 임명하는 등 강공 드라이브를 지속하는 박근혜 정부를 견제하려면 지방선거 승리가 반드시 필요하고 이를 위해서는 야권연대가 불가피하다는 여론이 야권 지지층 사이에 폭넓게 퍼져 나갔다.

창당 작업에 착수한 이래 줄곧 연대론을 부인해 왔던 안철수 의원도 여론을 무시할 수만은 없었다. 신당 창당을 계획대로 추진하는 한편 "정책적 연대는 가능하다고 본다"며 야권연대에 대해서도 가능성을 열어놓기 시작했다. 이에 대해 정치권에서는 창당을 코앞에 두고도 현역 의원을 전혀 확보하지 못하는 등 현실정치의 높은 벽을 실감한 안철수 의원이 진퇴양난의 고민에 빠진 것이란 분석이 제기됐다. 안철수 신당이 지지부진한 모습을 보이면서 여론도 급격히 가라앉기 시작했다. 안철수 의원은 2월 17일 창당발기인대회를 열고 마이웨이를 외쳤지만 반등 효과는 미미했다. 한국갤럽이 2월 24~27일 실시한 여론조사에서도 새정치연합 지지도는 18%를 기록해 한 달 보름여 만에 13%포인트나 빠진 것으로 나타나면서 정치권이 요동치기 시작했다. 15%를 얻은 민주당과도 오차범위 내로 격차가 줄어들었다.

그러자 민주당도 물밑에서 적극 움직이기 시작했다. 연결 고리는 지방의원 정당 무공천이었다. 당시 안철수 위원장은 "국민에게 약속한 지방의원 공천제 폐지를 지키지 못하면 새 정치를 할 명분이 없다"며 무공천 고수 방침을 굽히지 않고 있었다. 반면 민주당은 새누리당이 기존 무공천 방침을 접자 "민주당만 무공천하는 것은 패배를 자초하는 길"이라며 공천제 유지 쪽으로 가닥을 잡은 상태였다. 이에 김한길 대표가 민주당의 기존 공천 방침을 백지화한 뒤 무공천을 공통분모로 안철수 위원장에 당 대 당 통합을 제의했고 이를 안철수 위원장이 곧바로 수용하면서 3월 2일 통합을 전격 선언하기에 이르렀다. 지방선거를 앞두고 좀처럼 지지도를 회복하지 못하던 민주당과 정치세력화의 현실적 한계를 절감한 안철수 위원장의 이해관계가 서로 맞아떨어진 결과였다.

1년 전 귀국과 동시에 신당 창당을 공개 선언했던 안철수 위원장이

한국 정치, 야당의 길을 묻다

창당을 목전에 두고 돌연 민주당과 통합을 선언하자 정치권도 크게 요동치기 시작했다. 당장 지방선거가 3자 이상의 다자 구도에서 양자 대결 구도로 바뀔 가능성이 커졌다. 민주당도 안철수 신당으로의 현역 의원 이탈을 더 이상 걱정하지 않아도 됐고 안철수 변수가 사라지면서 지방선거 승리 가능성도 한층 커졌다는 점에서 안도하는 분위기였다. 반면 안철수 지지층에서는 심각한 동요가 일었다. 특히 새누리당과 민주당 등 기존 양대 정당을 지지하지 않던 무당파 지지층에서 비판의 목소리가 거셌다. 한국갤럽이 통합 선언 직후인 3월 4~6일 실시한 여론조사에서도 무당파 응답자의 34%가 통합을 좋지 않게 본다고 답해 좋게 본다는 답변22%보다 12%포인트나 높은 것으로 나타났다. '안철수 위원장의 행보를 새 정치로 보느냐'는 질문에는 무당파 응답자의 44%나 그렇지 않다고 답했다. 이런 분위기 속에서 통합신당에 대한 전체 지지도는 31%를 기록해 일주일 전 민주당15%과 새정치연합18% 지지도의 합보다 오히려 2%포인트 떨어진 것으로 조사됐다.

안철수 위원장으로서는 현실적인 세력을 등에 업은 반면 민심의 지지를 잃은 셈이 됐다. 게다가 2011년 서울시장 불출마와 2012년 대선후보 사퇴에 이어 또다시 결정적 순간에 입장을 180도 바꾸면서 "깜짝쇼 삼세번에 양치기 소년이 돼버렸다"는 비난을 면하기 어렵게 됐다. 더욱 큰 손실은 그의 트레이드 마크였던 '새 정치'가 더 이상 새 정치로 받아들여지지 않게 돼버렸다는 점이었다. 안철수 위원장은 "제1야당을 통째로 접수하겠다"는 야심 속에 호랑이 등에 올라탄 것이라고 합리화했지만 기존 정치권에 통합돼 버린 데 대한 여론의 차가운 시선은 좀처럼 회복되지 않았다. 안철수 위원장에 대한 이 같은 여론의 변화는 민주당에게도 득 대신 실로 다가왔고, 야권통합의 시너지 효과를 노렸던 당초 기대와는 달리 당 지지도 반등에 별 효과를 보지 못하면서 지방선거에서도 고전을 면치 못하게 됐다.

야당에 유리한 환경에도 무승부로 끝난 지방선거

3월 26일 통합 신당인 새정치민주연합은 창당대회를 열고 안철수·김한길 의원을 공동대표로 선출했다. 안철수 대표는 "새정치민주연합의 창당은 미래로 가는 새로운 체제의 출발이자 낡은 정치의 종말"이라며 통합의 정당성을 강조했지만 이내 기존 제도 정치권의 두터운 벽을 실감하지 않을 수 없었다. 당장 지방선거 공천을 앞두고 두 가지 갈등이 잇따라 불거졌다. 하나는 기초의원 무공천을 고수할 것이냐의 문제였고 또 하나는 안철수계 인사에 대한 전략공천 문제였다. 기초의원 무공천 문제는 발등의 불이었다. 현장에서는 "무공천하면 무조건 패배"라며 당론 변경을 강하게 요구했다. "대의민주주의 체제에서 제1야당이 공천을 포기하는 것은 야당의 책임을 저버리는 행위"라는 당내 의원들의 목소리도 적잖았다. 안철수 대표는 "국민과의 약속은 지켜야 한다"는 원칙론으로 맞섰지만 자칫 선거 패배로 이어질 경우 모든 책임을 뒤집어쓸 수밖에 없다는 부담 또한 만만찮았다.

결국 안철수 대표는 전 당원 투표와 여론조사로 당론을 정하기로 한발 물러섰고, 당원과 여론 모두 공천을 지지하는 것으로 조사되면서 새정치민주연합은 무공천 방침을 철회했다. 안철수 대표로서는 통합의 핵심 고리였던 무공천이 무산되면서 통합의 당위성이 뿌리째 흔들리게 된 것은 물론 당내 리더십과 정치력 또한 상처를 입지 않을 수 없게 됐다. 야권 내부에선 안철수 대표가 지방의원 무공천을 새 정치의 대표상품으로 밀어붙인 것 자체가 전략적 실책이란 비판도 제기됐다. 일반 국민들에게는 전혀 중대한 사안으로 인식되지 않는 지방의원 무공천이란 이슈에 안철수 대표가 사활을 거는 것 자체가 전략적 사고와 안목의 부재를 드러낸 것이란 지적이었다. 이런 전략적 실수를 바로잡아줄 수 있는 정치 경험이 풍부한 중견 참모 그룹의 부재도 안철수 대표의 'CEO형 리더십'과 독단적인 의사 결정 논란과 맞물려 정치인 안철수에 대한 의구심을 키우는 데 한몫했다.

여기에 안철수 대표가 광역단체장 공천에서 안철수계 후보에 대한 우선 전략공천을 강력히 요구하고 나서면서 또 다른 당내 갈등이 불거졌다. 안철수 대표를 제외하곤 안철수계에 경쟁력 있는 인물이 사실상 전무한 상황에서 당 지도부가 경선 대신 전략공천을 통해 안철수계를 배려하려고 하자 예비후보들이 일제히 반발하고 나선 것이었다. 역대 선거에서 승패는 공천을 얼마나 매끄럽게 마무리 지었는지, 얼마나 참신하고 경쟁력 있는 인물을 내세웠는지 등 이미 공천 단계에서 거의 결정되는 것이나 다름없었던 전례에 비춰볼 때 이처럼 본선도 시작하기 전에 공천을 둘러싸고 두 달 가까이 내부 샅바싸움만 지속한 야당에게 선거 승리를 기대하는 것은 애당초 무리였다.

이는 야당의 책임성을 완수하는 데 있어서도 크나큰 장애물로 작용했다. 더욱이 2014년 4월 세월호 참사가 발생하고 이를 수습하는 과정에서 박근혜 정부의 무능이 만천하에 드러나면서 야당 입장에서는 "더 이상 좋을 수 없다"는 말이 나올 정도로 유리한 선거 환경이 조성된 터였다. 야당 입장에서 견제와 저항의 수위를 최고치로 올려도 여론이 충분히 받아들일 수 있는 분위기였다. 그럼에도 새정치민주연합은 선거 막판까지 내부 헤게모니 다툼에만 몰두하면서 지방선거에서 승리할 수 있는 절호의 기회를 스스로 저버리는 치명적인 우를 범하고 말았다. 야당의 책임성에서 책임責任은 말 그대로 권한이 아니라 '맡겨진 임무나 의무'라는 점에서 새정치민주연합은 자기 몫 공천 챙기기에 혈안이 된 나머지 야당으로서 응당 맡아야 할 역할과 의무를 망각하고 방기해버린 셈이었다.

대통령과 집권 여당의 독단적 행태를 저지해 달라며 국민이 맡겨준 힘을 오히려 당내 반대파를 제압하는 데 써버린 야당에게 여론은 냉정한 심판을 내렸다. 지방선거 결과 새정치민주연합은 17개 광역단체장 중 9곳을 차지했다. 비록 8곳에서 승리한 새누리당에 비해서는 한 곳이 많았지만 경기·인천을 내주고 부산 공략에도 실패하면서 결국 무승부로 끝났다는 분석이 지배적이었다. 한국갤럽이 지방선거 직후인 6월 10~12일 실시한 여론조사에서도 무승부였다는 응답이 43%로 가장 많았다. 게다가 새누리당이 승리했다는 응답이 28%로 새정치민주연합이 승리한 선거라는 응답20%을 웃돌았다. 그만큼 충분히 이길 수 있는 선거를 놓친 야당에 대한 실망감이 크다는 방증이었다.

정당 지지도 또한 새누리당 42%, 새정치민주연합 30%로 조사됐다. 통합 발표 직후인 3월 초 새누리당 지지도가 39%, 새정치민주연합 지지도가 31%였던 것과 비교해볼 때 세월호 참사라는 전대미문의 사건과 박근혜 정부의 잇단 실정에도 불구하고 야당 지지도가 이처럼 정체돼 있다는 것은 민심이 더 이상 야당에 기대를 걸고 있지 않음을 실증적으로 보여주는 지표나 다름없었다. 이처럼 새정치민주연합이 야당으로서의 존재감을 한껏 끌어올릴 수 있는 절호의 기회를 놓치면서 박근혜 정부로서도 그동안의 실책과 시행착오를 딛고 새롭게 2기를 출발할 수 있는 계기를 마련할 수 있게 됐다.

8장

박근혜 정부 2기

1. 7·30 재·보선 참패와 야당의 현주소

패륜 공천 논란과 '세월호 면죄부'

야당의 책임성은 결국 여론과 민의에 대한 책임이란 점에서 새정치민주연합은 민의를 제대로 받들지 못한 데 대한 혹독한 대가를 치러야 했다. 이는 당장의 재·보궐선거는 물론 이후의 정국 상황에서도 두고두고 짐으로 작용했다. 그럼에도 새정치민주연합은 야당의 책임성은 망각한 채 마치 박근혜 정부와 새누리당에 대한 견제에는 관심이 없다는 듯 예의 무기력한 모습으로 일관하며 여론의 비난을 샀다. 야당의 무능력과 무기력은 집권 여당에게는 더할 나위 없는 호재였다. 하지만 야당의 견제라는 브레이크 장치가 망가지면서 여권의 폭주는 한층 가속화됐고 그러면서 여권 내부에서부터 균열이 일기 시작했다. 이처럼 야당의 무책임성에 여당의 무책임성이 더해지면서 정치권 전체가 민심과 유리되는 최악의 상황에 직면하게 됐다.

지방선거는 끝났지만 또 다른 선거가 기다리고 있었다. 광역단체장 선거에 출마하기 위해 의원직을 사퇴한 지역구 10곳에 당선 무효형을 받아 의원직이 상실된 지역구 5곳을 더해 총 15곳에서 재·보궐선거가 치러지게 됐다. 역대 최대 규모의 '미니 총선'이 된 데다 수도권에서만 6개 지역구가 포함되면서 여야 모두 총력전에 나서지 않을 수 없었다. 특히 지방선거가 사실상 무승부로 끝나면서 7·30 재·보궐선거의 승패에 따라 향후 정국 주도권의 향배가 결정될 수 있는 상황이었다. 새누리당은 7·14 전당대회를 통해 김무성 대표를 선출하며 전의를 다졌다. 반면 새정치민주연합은 또다시 야권연대라는 카드를 꺼내들었다. 이명박 정부 시기의 재·보궐선거에서도 증명됐듯이 야권연대는 잘 쓰면 보약이지만 잡음만 일으킬 경우 시너지 효과가 상쇄되면서 오히려 선거를 망치기 십상이었다. 그럼에도 안철수·김한길 공동대표는 오로지 승리를 위해 정치공학적 접근을 마다하지 않았다.

결과는 최악의 참패였다. 역시 야권연대를 둘러싼 공천 논란이 패배의 직접적인 원인이었다. 사실 선거 초기만 해도 새정치민주연합 주변에선 "이보다 더 좋은 선거 환경은 없을 것"이란 말까지 나올 정도로 자신감이 넘쳤다. 비록 지방선거 결과는 기대에 미치지 못했지만 세월호 참사 파문이 날로 커지면서 여론이 극도로 악화되고 있었기 때문이었다. 하지만 지나친 욕심은 결국 화를 불렀다. 서울 동작을이 화근이었다. 정의당에서 노회찬 전 의원이 동작을 출마를 선언하자 새정치민주연합 지도부는 수도권 석권을 위해 야권연대를 제안했다. 결국 재·보궐선거를 6일 앞둔 7월 24일 새정치민주연합은 정의당에 동작을 지역구를 내주는 대신 수원병과 수원정에서는 정의당 후보가 사퇴하기로 정의당과 합의했다.

문제는 동작을 공천을 둘러싸고 새정치민주연합 내에서 이미 수차례에 걸쳐 심각한 파열음이 발생한 상태였다는 점이었다. 당초 안철수 대표는 허동준 지역위원장을 제치고 측근인 금태섭 변호사를 동작을에 전략공천하고자 했다. 그러자 당내 486 의원들을 중심으로 의원 31명이 지역 유권자와 당원의 뜻이 반영되는 공천이 돼야 한다며 경선을 촉구하고 나섰다. 강한 반발에 부딪힌 안철수·김한길 공동대표는 금태섭 카드를 포기하는 대신 광주 광산을에 공천을 신청한 기동민 전 서울시 정무부시장을 돌연 동작을 지역구로 끌어올려 전략공천을 했다. 안철수 대표가 박원순 서울시장을 배려한 결정이었다. 하지만 이 또한 뜬금없기는 마찬가지였다. 당내에서는 서로를 이간질시키는 '패륜 공천'이란 비난이 쏟아졌다. 급기야 허동준 위원장이 기동민 전 부시장의 출마 기자회견을 가로막는 과정에서 당직자들과 멱살잡이를 하기에 이르렀고, 이런 볼썽사나운 모습이 언론에 그대로 공개되면서 당의 위상은 땅에 떨어지고 말았다. 선거 후 당내에서도 "열성지지자들마저 등을 돌리게 한 결정적 악재였다"고 인정할 정도였다.

이처럼 온갖 무리수를 거듭하며 진통을 겪을 대로 겪은 지역구를 결국엔 정의당에 내주게 되자 당 바깥은 물론 당내에서도 거센 비판이 제기됐다. 수원병에 출마한 손학규 전 대표조차 "과연 이 연대가 정책과 이념적 동질성을 확보하고 미래 비전을 제시하기 위한 연대인지 깊이 성찰할 필요가 있다"며 고개를 저었다. 이런 난장판 속에서 선거 승리는 사실상 불가능했다. 개표 결과 새누리당은 11곳에서 승리한 반면 새정치민주연합은 4곳 확보에 그쳤다. 그것도 광주·전남 세 곳을 빼면 수원정이 유일하게 승리한 지역구였다. 심지어 텃밭인 전남 순천에서도 박근혜 대통령의 최측근으로 불리는 이정현 후보에게 졌고, 야권연대를 이룬 수원병에서도 손학규 전 대표가 무명의 김용남 후보에게 패하고 말았다. 논란의 핵심 진원지였던 동작을에서도 노회찬 전 의원이 선거 막판에서야 가까스로 후보 등록을 마쳤을 정도로 동작을과는 아무 인연이 없었던 나경원 전 의원에게 무릎을 꿇었다. 야당으로서는 명분과 '실리를 모두 놓치는 최악의 성적표를 받아든 셈이었다.

정치권에서는 민심이 박근혜 정부와 새누리당을 선택했다기보다 야당이 자책골을 넣었다는 평가가 지배적이었다. 후폭풍은 거셌다. 선거 다음 날 안철수·김한길 공동대표는 패배의 책임을 지고 사퇴했다. 공동 지도부가 들어선 지 4개월 만이었다. 손학규 전 대표는 정계 은퇴를 선언했다. 선거 후 김무성 새누리당 대표는 국회에서 열린 최고위원회의에서 이정현 의원을 등에 업고 함박웃음을 지었다. 친박 좌장에서 비노 대표주자로 입장이 바뀐 김무성 대표가 박근혜 대표의 최측근을 업어주는 한 장의 사진은 두 차례의 선거 결과를 상징적으로 보여주기에 충분했다. 반면 자기 사람을 앉히기 위해서라면 여론의 질타도 아랑곳하지 않았던 안철수·김한길 대표는 야당을 패배의 구렁텅이로 빠트린 책임에서 벗어날 길이 없었다. 더욱이 세월호 참사로 휘청거리던 박근혜 정부에게 '정치적 면죄부'를 줬다는 점에서 비난의 화살은 더욱 거셀 수밖에 없었다.

카르텔정당의 늪에 빠진 불임정당

7·30 재·보궐선거 참패가 통합 지도부 퇴진으로까지 이어지면서 새정치민주연합은 최악의 상황에 직면하게 됐다. 특히 2012년 대선에서도 못 이룬 단일화를 지방선거를 앞두고 전격 성사시켰음에도 불구하고 시너지 효과는커녕 오히려 마이너스 결과만 초래했다는 점에서 더욱 큰 충격으로 다가왔다. 기존의 민주당 지지층과 안철수 지지층을 합하면 반反새누리당이란 공통분모 속에 개혁적 진보 세력에 합리적 중도 세력이 더해지면서 '1+1=2+α'의 효과를 낼 수 있을 거라는 게 그때까지 여야 정치권과 학계의 공통된 견해였다. 하지만 뚜껑을 열어 보니 실제 결과는 '1+1=1.2~1.3'에 불과한 것으로 나타났다. 8월 8일 한국갤럽이 재·보궐선거 후 실시한 여론조사에서도 새정치민주연합의 정당 지지도는 21%를 기록했다. 지난 3월 통합 선언 직후 31% 지지도에서 더 올라가는 것은 고사하고 5개월 만에 3분의 2 수준으로 떨어진 셈이었다. 이는 통합하기 직전 어느 한쪽 세력의 지지도민주당 15%, 안철수 신당 18%가 조금 오른 정도의 수치와 다를 게 없었다.

야권연대도 마찬가지였다. 야권 내에서 전가의 보도이자 최후의 보루로 여겨졌던 '후보 단일화=필승 신화'는 두 차례의 선거를 잇따라 치르면서 무참하게 무너져 내렸다. 그것도 대선이나 총선 등 당의 명운이 걸린 선거도 아닌, 지방선거와 재·보궐선거라는 상대적으로 낮은 단계의 전투에서 야당이 그토록 자랑하던 비밀병기의 민낯이 고스란히 드러나 버렸다. 민주당과 안철수 신당은 통합을 통해 큰 틀에서 단일화를 이뤄내고 이후 진보 정당들과는 야권연대를 통해 후보 단일화를 성사시키면서 세력과 후보 모두 단일화한 상태로 선거에 나섰지만, 즉 외형적으로는 그 어느 때보다 거대해진 몸짓에 화려한 갑옷을 두르고 전투에 임했지만 역설적으로 그 어느 때보다 처참한 패배를 당하고 말았다.

그런 가운데서도 정치권과 학계에서는 단일화의 환상과 야권연대의 위험성을 경고하는 목소리가 꾸준히 제기돼 왔다. "민주당은 야권 진영의 다수파라는 권력을 앞세워 소수파 진보 정당들을 후보 단일화라는 명분의 볼모로 삼으며 '조건 없이 양보하든가 아님 말고' 식의 권위주의적 행태를 보여 왔다"[10]거나 "민주당은 마치 놀부가 양손에 떡을 들고 흥부를 다루는 듯한 심보로 다른 정당을 대하고 있다"[11]며 야권연대와 후보 단일화 과정에서 보인 민주당의 '갑질' 행태와 오만함을 비판하는 목소리도 적잖았다. 더 나아가 민주당이 사실상 양당제 구도 속에서 제1야당의 자리는 계속 유지할 수 있겠지만 자력으로 단독 재집권하긴 어려워 보인다는 냉정한 평가도 뒤따랐다. 민주당이 어느새 카르텔정당의 늪에 빠져들면서 대통령과 집권 여당을 견제하는 데 전력을 기울이기는커녕 오히려 '적과의 동침'을 기꺼이 받아들이며 제1야당에 안주하려는 모습을 보이는 데 대한 냉철한 비판이었다.

더욱 큰 문제는 과거 열린우리당의 실패 원인을 여전히 극복하지 못하고 있다는 점이었다. 열린우리당의 뒤를 이어 대통합민주신당, 통합민주당, 민주당을 거쳐 새정치민주연합에 이르기까지 조직도 바꾸고 인물도 보강했지만 위기의 본질은 변함이 없었다. 당 혁신안은 토론도 없이 급조되기 십상이었고 국민의 관심은 거의 끌지 못하고 사장돼 버리기 일쑤였다. 그 결과 한국의 야당은 열린우리당 이후 집합적 가치와 정체성, 연대의 기반을 갖추지 못한 사상누각의 정당,

모래알 정당의 모습에서 벗어나지 못했다. 이는 이명박 정부의 실정에 대한 여론이 악화일로를 걷는 상황에서 박근혜 비대위원장을 앞세워 당명을 새누리당으로 과감하게 바꾸고 김종인·이상돈 등 외부 전문가를 등용하며 효과적인 지지 동원 전략을 구사해 대선 승리를 거머쥔 여당과 전적으로 대비되는 행보였다.

이런 상황 속에서도 야당 의원들은 지역구 관리와 재선에만 몰두하며 현실에 안주하는 모습을 보였다. 만년 야당이 되더라도 자신의 의원직만 유지하면 된다는 이기적이고 무책임한 사고가 야당을 지배하게 된 것이었다. 이는 왕권은 포기하고 영토와 가신 관리에만 신경 쓰는 봉건시대 영주의 모습과 다를 게 없었다.[12] 그러면서도 선거 때만 되면 '촛불 시민'이 결국엔 야당을 지지할 것이란 착각에서 헤어나지 못했다. 야당의 책임성 측면에서 볼 때도 야당이 지지도를 끌어올리려면 반사이익만으로는 한계가 뚜렷하고 야당이 주도하는 새로운 이슈를 던져야 함에도 불구하고 오로지 대중의 반이명박, 반박근혜 정서에만 기대어 횡재가 계속되기만 기대하다 보니 국민의 신뢰와 공감대를 이끌어내는 데 실패할 수밖에 없었다. 2010년 지방선거 승리의 여세를 2012년 총선과 대선까지 이어가지 못한 것도, 2014년 세월호 참사와 박근혜 정부의 무능한 대응이란 절호의 기회를 살리지 못하고 지방선거와 재·보궐선거에서 참담한 성적표를 받아든 것도 어찌 보면 당연한 결과일 수밖에 없었다.

야당이 제 역할을 하고 있는지에 대한 한국갤럽의 정기조사 결과도 야당의 난맥상을 그대로 보여주고 있다. 11월 4~6일 조사에서 새정치민주연합이 야당 역할을 잘하고 있다는 응답은 11%에 불과했다.

한국 정치, 야당의 길을 묻다

잘못하고 있다는 응답은 80%에 달했다. 박근혜 정부 초기인 2013년 6월 61%를 기록했던 야당에 대한 부정적 평가가 1년 5개월이 지난 시점에 오히려 19%포인트나 늘어났다. 80%라는 수치는 '묻지마 지지층'을 제외하곤 사실상 거의 모든 유권자가 야당에 등을 돌리고 있다는 방증이었다. 실제로 새정치민주연합 지지자조차 15%만 잘하고 있다고 답하고 78%는 잘못하고 있다고 응답한 것으로 조사됐다. 통합 직후인 3월 29%였던 당 지지율도 11월엔 20%로 떨어졌다. 세월호 참사라는 전대미문의 사건에 정부의 무능한 대처가 겹쳤음에도 야당 지지도는 8개월 새 오히려 9%포인트 급감한 것이었다.

이 같은 야당의 지리멸렬한 모습은 여당의 강공이 더해지면서 더욱 심화됐다. 박근혜 정부는 공안통인 김기춘 대통령실장을 전면에 내세우고 '종북 프레임'을 본격 가동하며 야당을 압박해 나갔다. 야당의 최대 아킬레스건 중 하나를 집중 공략하고 나선 것이었다. 이는 헌법재판소가 법무부 청구를 받아들여 2014년 12월 19일 통합진보당 해산 선고를 내리면서 절정에 달했다. 하지만 제도권 야당마저 공중분해시키는 박근혜 정부의 초강경 행보에 새정치민주연합은 제1야당으로서 이렇다 할 대응조차 하지 못한 채 무기력하고 무책임한 모습만 보일 뿐이었다. 이처럼 대여 투쟁 의지를 상실한 상태에서 종북이란 덫에 걸리면서 더욱 위축돼 버린 야당의 모습에 '그들만의 정당, 불임정당'이란 여론의 비판은 더욱 커져만 갔다.

2. 문재인의 재등장과 여권의 분열

조기에 승부수 띄운 문재인과 친노

7·30 재·보궐선거 참패로 지도부 공백 상태를 맞은 새정치민주연합은 8월 4일 박영선 원내대표를 비대위원장으로 추대하며 수습에 나섰다. 하지만 세월호특별법 합의 과정에서 여당에 지나치게 양보했다는 비판이 당내와 세월호 유족, 시민단체 등에서 일제히 제기되면서 박영선 비대위 체제는 시작부터 흔들리기 시작했다. 8월 29일 한국갤럽 조사에서도 민주당 지지자 중 74%가 세월호특별법을 다시 협상해야 한다고 답할 정도였다. 여기에 외부 인사를 비대위원장으로 영입하는 문제를 둘러싸고 당 안팎의 비난이 고조되자 박영선 비대위원장도 결국 40여 일 만에 사퇴하고 말았다. 또다시 문희상 의원을 구원투수로 내세운 새정치민주연합은 2015년 2월 8일 전당대회를 열고 새 지도부를 선출하기로 했다.

당이 사면초가의 위기에 처하자 당내 주류인 친노 세력은 문재인 전 대표가 다시 전면에 나서는 수밖에 없다고 의견을 모았다. 여기서 더 밀리는 모습을 보이면 2016년 총선에서도 승산이 없다는 판단이었다. 문재인 전 대표도 2017년 대선 재출마를 결심한 상태에서 조기에 승부수를 띄우기로 결심했다. 마침 1월 16일 한국갤럽의 차기 정치 지도자 선호도 조사에서도 15%를 얻어 그때까지 1위를 지키던 박원순 서울시장14%을 처음 제치고 선두로 올라선 상황이었다. 여기에 김대중DJ 전 대통령의 최측근이었던 박지원 의원도 출마를 선언하면서 당권 경쟁이 한층 치열하게 전개됐다. 개표 결과 박지원 의원이 권

리당원과 당원 여론조사에서는 앞섰지만 문재인 전 대표가 일반 여론
조사에서 두 배 가까이 앞서면서 결국 근소한 차이로 승리를 거뒀다.
마치 2007년 이명박 후보와 박근혜 후보가 맞붙은 한나라당 대선후
보 경선과 흡사한 결과가 나오면서 적잖은 후유증이 우려됐지만 박지
원 의원이 경선 결과 수용 의사를 밝히면서 가까스로 위기를 넘길 수
있었다.

　문재인 대표의 첫 시험무대는 4·29 재·보궐선거였다. 헌법재판
소 결정으로 의원직을 상실한 통합진보당 의원 출신 지역구 3곳과 인
천 서·강화을 등 4곳에서 치러지는 선거였다. 더욱이 4월 9일 성완종
리스트 파문이 불거지고 이에 연루된 이완구 국무총리가 사퇴하면서
선거는 야당이 절대적으로 유리한 구도로 전개됐다. 하지만 정동영·
천정배 의원이 탈당해 서울 관악을과 광주 서을에서 독자 출마를 선
언하면서 야권표가 분열될 것이란 위기감이 커졌다. 그럼에도 초대형
악재를 떠안은 새누리당이 승리하긴 쉽지 않을 것이란 관측이 대세였
지만 결과는 또다시 예측을 빗나갔다. 새누리당이 세 곳에서 승리하
고 광주 서을에서도 탈당 후 무소속으로 출마한 천정배 의원이 당선
되면서 새정치민주연합은 단 한 곳에서도 당선자를 내지 못했다. 더
욱이 야권의 텃밭이나 다름없는 서울 관악을에서도 27년 만에 패하
자 문재인 책임론이 급부상하기 시작했다.

　하지만 문재인 대표와 친노 주류는 대표 사퇴 요구를 일축하며 정
면 돌파를 선택했다. 당 대표에 선출된 지 석 달도 안 돼 사퇴할 경우
당 전체가 수습 불가 상태에 빠질 가능성이 크다는 주장이었다. 문재
인 대표로서도 여기서 밀리면 회복이 결코 쉽지 않은 상황이었다. 여

론의 지지도 한몫했다. 5월 15일 한국갤럽 조사에서도 '재·보궐선거 결과에 문재인 대표가 책임지고 사퇴해야 하느냐'는 질문에 새정치민주연합 지지자의 81%가 '그럴 일은 아니다'고 답했다. 그럼에도 문재인 대표는 간단찮은 숙제를 떠안게 됐다. 무엇보다 대통령과 여당의 잇단 실정에도 야당 지지도는 좀처럼 오르지 않는 구조적 한계를 어떻게 극복할 것이냐가 당면 과제였다. 이 난제를 풀지 못할 경우 총선은 물론 대선 승리도 난망한 상황이었다.

반전의 계기는 뜻하지 않게 찾아왔다. 잇단 승리에 취한 여권이 내부 세력 다툼에 몰입하면서 스스로 무너지기 시작한 것이었다. 야당의 견제가 더 이상 두렵지 않다고 판단한 친박계와 비박계가 총선 공천과 대선후보 선출을 앞두고 당내 주도권 장악을 위해 사활을 건 싸움에 뛰어들었고, 이는 결과적으로 그로기 상태에 몰려 있던 야당에게 숨을 돌릴 수 있는 시간적 여유를 가져다줬다. 게다가 박근혜 대통령까지 노골적으로 친박계를 지원하고 나서면서 여론은 극도로 악화돼 갔다. 야당의 분열에 여당의 분열이 겹치면서 이제 정치권의 관심은 '민심이 과연 어느 당의 무책임성에 더 큰 책임을 물을 것이냐'에 쏠리게 됐다.

유승민·메르스 파동에 휘청거린 여권

박근혜 대통령 집권 3년차인 2015년은 박근혜 정부와 새누리당 등 여권의 분열로 점철된 한 해였다. 박근혜 대통령의 몰락은 이 시기에 이미 시작됐다고 해도 과언이 아니었다. 너무 잘 나가는 게 화근이었다. 집권 초기부터 숱하게 이어진 위기에도 불구하고 박근혜 대통

령 지지도는 탄탄하게 유지됐고 '선거의 여왕' 답게 지방선거와 재·
보궐선거에서도 패하는 법이 없었다. 오히려 박근혜 대통령에게는 당
내 비박계가 눈엣가시였다. 집권 여당의 생리에 맞게 새누리당 의원
들도 현직 대통령과 코드를 맞출 것으로 기대됐지만 현실은 정반대였
다. 당내 친이계와 소장파를 중심으로 반反박근혜 전선이 만만찮게 형
성됐다. 이들은 고비 때마다 박근혜 대통령과 친박계에게 패배를 안
겨줬다. 2014년 지방선거 예비경선에서 비박계가 잇따라 승리한 데
이어 국회의장 경선에서도 비박계인 정의화 의원이 친박계인 황우여
의원을 101대 46이라는 압도적 표차로 누르는 이변이 발생했다. 이어
7·14 전당대회에는 박근혜 대통령이 직접 참석해 한 표를 행사했음
에도 비박계인 김무성 의원이 친박계인 서청원 의원을 제치고 당대표
에 선출됐다.

　박근혜 대통령 입장에서 볼 때 야당의 견제는 전혀 두렵지 않은 반
면, 비박계의 저항은 총선과 대선 등 향후 정치 일정에 영향을 받지 않
기 위해서라도 어떻게든 잠재워야 하는 발등의 불이었다. 박근혜 대
통령에게 실질적인 야당은 새정치민주연합이 아니라 새누리당 비박
계였던 셈이다. 그만큼 당시 야당의 위세는 극도로 위축된 상태였다.
그런 가운데 2015년 2월 비박계의 지원을 받은 유승민 의원이 원내
대표에 선출되자 친박계와 비박계의 갈등이 더욱 고조되기 시작했다.
여기에 불을 붙인 것은 5월 29일 국회법 개정안 통과였다. 이 개정안
은 대통령령 등 행정입법이 법률 취지에 합치되지 않는다고 판단될
경우 국회 상임위원회에서 수정·변경을 요구할 수 있도록 하고, 소관
행정기관의 장은 이를 처리해 결과를 상임위에 보고하도록 규정하고

있었다. 이 같은 내용의 개정안이 국회 본회의를 통과하자 박근혜 대통령은 "개정안이 발효되면 국정은 마비 상태가 되고 정부는 무기력해질 것"이라며 거부권 행사를 강력히 시사했다. 5월 31일로 예정된 당·정·청 협의도 연기했다.

그러자 친박계가 일제히 나서 유승민 원내대표의 사퇴를 요구하는 등 총공세에 나섰다. 이에 유승민 원내대표가 중재안을 통해 위헌 시비는 완전히 해소됐다는 입장을 고수했고, 결국 박근혜 대통령은 6월 5일 국무회의에서 거부권을 행사했다. 특히 박근혜 대통령은 이 자리에서 '배신의 정치'라는 단어로 유승민 원내대표를 직접 공격하고 나서면서 정치권에 큰 파장을 몰고 왔다. 7월 6일엔 국회법 개정안에 대한 재의결이 새누리당 친박계 의원들의 불참으로 무산된 데 이어 7월 8일엔 새누리당 의원총회에서 유승민 원내대표 사퇴 권고 결의가 통과됐다.

박근혜 대통령이 직접 나서서 '배신자론'을 펼치자 중도 성향 의원들도 더 이상 유승민 원내대표를 지지할 수 없게 됐다. 하지만 유승민 원내대표도 그냥 물러서진 않았다. "정치생명을 걸고 대한민국은 민주공화국임을 천명한 헌법 1조 1항의 지엄한 가치를 지키고 싶었다"는 사퇴의 변은 합리적 보수층의 공감을 이끌어내면서 그를 일약 대선후보급으로 부상하게 했다. 반면 박근혜 대통령과 친박계는 자연스레 '헌법 무시 세력'으로 몰리게 되면서 유승민 축출이란 성과보다 훨씬 더 큰 정치적 상처를 입게 됐다.

여기에 기름을 부은 것은 중동호흡기증후군MERS, 이른바 메르스 사태였다. 5월 20일 첫 확진 판정자가 나온 뒤 걷잡을 수 없이 확산되며 국민을 불안에 떨게 했지만 정부의 대응은 지지부진하기만 하자 민심이 폭발하고 말았다. 메르스 사태가 최고조에 달하던 6월 16~18일 한국갤럽 여론조사에서 박근혜 대통령 지지도는 29%로 취임 후 최저치를 기록했다. 박근혜 대통령 지지도는 2015년 2월 첫째 주에도 연말정산 사태에 세금 폭탄론까지 제기돼 민심이 급격히 이반하면서 29%로 급락한 바 있었다. 하지만 충격은 그때와는 비교할 수 없을 만큼 컸다. 심지어 6월 14~18일로 예정됐던 미국 방문도 가을로 전격 연기해야 했을 정도였다. 집안싸움에 정권의 무능이 겹치면서 박근혜 정부로서는 잔인한 5~6월을 보내야 했다. 이후 잠시 회복되는가 싶던 박근혜 정부 지지도는 10월 한국사 교과서 국정화 방침 발표와 12월 한·일 간 일본군 위안부 협상 타결 소식에 또다시 출렁였다. 여론과 민의를 무시한 박근혜 정부의 일방통행식 밀어붙이기가 야당에게는 기사회생의 계기를 마련해준 셈이었다.

3. 안철수 탈당과 야권의 동상이몽

당권 장악 경쟁과 2012년 데자뷔

앞에서도 강조했듯이 박근혜 정부와 집권 여당인 새누리당의 실정과 그에 따른 반사이익만으로는 야당의 지지도 상승을 기대하긴 어렵다. 야당이 여론의 지지와 국민적 신뢰를 받을 준비와 자세가 돼있을 때 비로소 의미 있는 지지를 획득할 수 있다. 그리고 이 같은 지지 속에서 야당의 책임성도 온전히 수행해 나갈 수 있게 된다. 하지만 박근혜 정부 2기의 야당은 여론과 민심의 지지를 이끌어내려는 의지도, 그럴 만한 역량도 턱없이 부족했다. 오히려 새누리당 못지않게 당내 세력 다툼에만 매몰돼 국민의 눈살만 찌푸리게 했다. 여당의 내부 분열을 호기로 삼아 견제와 저항의 수위를 최고조로 끌어올려도 부족할 판에 야당의 책임성은 안중에도 없이 제1야당의 당내 주도권 확보에만 혈안이 돼있었던 것이다.

당내 갈등의 전선은 '문재인 대 안철수'로 짜여졌다. 마치 2012년 대선의 데자뷔를 보는 듯했다. 두 정치인의 계산은 일치했다. 2017년 대선부터 역으로 따져볼 때 2016년 총선에서 자기 세력을 최대한 많이 당선시키는 게 무엇보다 중요했다. 향후 대선후보 경선에 대비하기 위해서였다. 그러려면 총선 공천권을 장악해야 했다. 변수는 문재인 대표 체제에 당내 주류 또한 친노라는 점이었다. 안철수 전 대표로서는 어떻게든 문재인 대표 체제를 흔들어 자기 세력을 확장시켜야 했다. 문재인 대표가 4·29 재·보궐선거 패배 책임론에 휩싸인 것도 안철수 전 대표에겐 호재였다. "질 수 없는 선거에서 패했다"며 문재인 대표를 비판하기도 했는데, 이 표현은 2014년 7·30 재·보궐선거 참패로 자신과 김한길 공동대표가 사퇴할 당시 친노 진영이 자신을 향해 썼던 표현을 그대로 되돌려준 것이었다.

또 다른 갈등의 고리는 당 혁신위원회 활동이었다. 안철수 전 대표는 9월 2일 "당의 혁신은 실패했다"고 선언한 뒤 "이젠 낡은 인식, 낡은 정치행태와 결별해야 하며 이를 위해 정풍운동이나 야당 바로세우기 운동이 일어나야 한다"고 주장하고 나섰다. 새 정치가 트레이드마크인 그의 입장에서 문재인 대표가 주도하는 당 혁신안을 그대로 수

한국 정치, 야당의 길을 묻다

용해서는 차별화에 성공할 수 없다고 판단한 것이었다. 안철수 전 대표의 비판에 비주류가 적극 가세하며 압박을 가하자 문재인 대표는 9월 9일 "혁신안이 중앙위원회에서 부결되거나 재신임 투표에서 반대가 더 많을 경우 대표직에서 물러나겠다"며 재신임 카드를 전격적으로 뽑아들었다. 문재인 대표는 당 중진 의원들의 거듭된 만류로 재신임 투표는 잠시 연기했지만 추석 전에 혁신안 처리를 마무리 짓겠다는 의지를 굽히지 않으면서 주류와 비주류의 갈등은 사생결단의 전면전 양상을 띠게 됐다.

이후 두 달 넘게 양측이 일진일퇴의 공방을 거듭하는 가운데 좀처럼 돌파구가 보이지 않자 안철수 전 대표는 11월 29일 혁신 전당대회 개최라는 마지막 승부수를 띄웠다. 그러면서 혁신 전대에 자신과 문재인 대표 모두 참여하자며 정면승부도 불사하겠다는 의지를 밝혔다. 이대로 판이 굳어져서는 도전자 입장인 본인에게 절대적으로 불리하다는 판단에서였다. 하지만 문재인 대표는 "총선을 코앞에 두고 당권 경쟁으로 날을 샐 수는 없다"며 대표 사퇴와 전대 요구를 모두 거부했다. 문재인 대표의 입장이 분명해지자 안철수 전 대표는 결국 12월 13일 탈당 후 신당 창당을 선언했다. 2004년 3월 민주당과 전격 합당한 지 1년 9개월 만이었다. 뒤이어 김동철·최재천·장병완 의원 등 비주류 의원들이 잇따라 탈당하면서 제1야당의 분열이 본격화됐다.

안철수 전 대표의 탈당은 총선을 앞둔 정치권에 메가톤급 폭풍을 몰고 왔다. 새누리당은 '다자 구도=여당 필승'이란 공식이 예기치 않게 현실화된 데 대해 크게 반기는 분위기였다. 야당 지지층 내에서도 '야권 분열=야당 필패'라는 경험칙에 근거해 우려하는 목소리가 상당수였다. 실제로 한국갤럽이 추석 직전인 9월 22~24일 실시한 여론조사에서 '내년 총선에서 어느 후보가 많이 당선돼야 한다고 보느냐'는 질문에 여당이 36%, 야당이 42%를 차지할 정도로 야권에 호의적인 분위기가 조성돼 있는 상태였다. 이는 박근혜 정부의 강공 드라이브에도 불구하고 야당의 정권심판론이 여전히 유효함을 실증적으로 보여주는 수치이기도 했다. 또한 내년 총선에서 현 지역구 의원이 다시 당선되면 좋겠다는 응답이 22%, 다른 사람이 당선되면 좋겠다는 응답이 47%로 현역 물갈이에 대한 여론도 높게 나타났다. 이는 과반 의석을 차지하고 있는 새누리당에 절대적으로 불리한 흐름이었고, 그런 만큼 야당에겐 더할 나위 없는 호재나 다름없었다. 하지만 야권의 유력 대선주자 두 명이 총선을 불과 넉 달 앞두고 갈라서면서 야권 전체가 커다란 위기감에 휩싸이게 됐다.

문재인·안철수의 속내와 '一與多野'

하지만 문재인 대표와 안철수 전 대표의 속내는 일반적인 관측과는 사뭇 달랐다. 우선 문재인 대표와 친노 주류의 고민은 '안철수 전 대표를 끌어안고 가는 것과 따로 헤어져 각자 가는 것 중 어느 쪽이 더 대선에 유리할 것이냐'에 쏠려 있었다. 전자의 경우 폭넓은 지지층을 확보할 수 있다는 장점이 있는 반면, 경선이 끝날 때까지 치열한 당내 다툼을 벌여야 한다는 부담이 컸다. 또 만약 당내 경선에서 패할 경우 대선 출마가 원천 봉쇄된다는 위험도 도사리고 있었다. 후자의 경우 야권 분열의 책임에서 벗어나긴 힘들겠지만 훨씬 가벼워진 진용으로 대선을 향해 달려갈 수 있다는 강점이 있었다. 대선 막판까지 단일화 카드를 손에 쥘 수 있다는 점도 매력적이었다. 게다가 두 후보 모두 당장의 어려움을 딛고 끝까지 살아남을 수만 있다면 오히려 지금 각자도생하는 게 야권 전체의 파이를 더 키우는 길일 수 있었다. 즉 문재인 대표 입장에선 안철수 전 대표의 탈당이 일반 유권자들이 생각하는 것만큼 큰 충격을 받을 만한 사건은 아니었을 것이란 추측이 가능했다.

실제로 당시 문재인 대표 진영에서는 안철수 전 대표의 탈당 후 "오히려 홀가분하다"는 반응이 적잖았다. 당내에서는 김대중DJ 전 대통령이 1997년 대선을 앞두고 민주당 내에서 반대파와의 갈등이 끊이질 않자 결국 1995년 탈당해 새정치국민회의를 창당한 사례도 거론됐다. DJ가 자기 세력만으로 'DJ당'을 만들었기 때문에 이후 당내 경선 과정에서 상처를 입지 않고 곧바로 본선으로 직행할 수 있었고, 그런 만큼 여러 후보들이 군웅할거하던 여당에 비해 훨씬 효과적이고 속도감 있게 대선을 준비해 나갈 수 있었다는 분석이었다. 앓던 이를 뽑으면 당장은 많이 아프지만 조금만 지나면 통증 제거의 효과를 실감할 수 있는 것과 같은 이치였다. 이 같은 내부 분위기를 반영하듯 문재인 대표는 12월 28일 '새 정치' 단어가 담긴 새정치민주연합이란 당명도 더불어민주당으로 바꾸며 안철수 전 대표와의 단절을 공식화한 뒤 본격적으로 '문재인당'을 강화해 나가기 시작했다.

안철수 전 대표 입장에서도 탈당은 현실적으로 불가피한 선택이었다. 새정치민주연합에 남아 당내 투쟁을 계속하는 건 승산이 희박했다. 아무리 5대5 지분으로 통합했더라도 당의 절대적 주류는 문재인 대표와 친노 세력이 장악하고 있기 때문에 총선 공천은 물론 대선후보 경선을 하더라도 표 대결에서 밀릴 수밖에 없었다. 따라서 혁신 전당대회 제안이 받아들여지지 않은 상황에서 계속 당에 남아 있는 것은 패배를 자초하는 길이나 다름없었다. 야권 분열의 책임론이 강하게 제기되겠지만 이는 생존을 위해 감내해야 할 부분이었다. 여론도 안철수 전 대표에게 나쁘지 않게 흘러갔다. 한국갤럽이 안철수 전 대표가 탈당한 직후인 12월 15~17일 실시한 여론조사에서 안철수 전 대표의 탈당은 잘한 일이란 응답은 44%, 잘못한 일이란 응답은 25%를 기록했다. 관심을 모은 무당파도 35%가 잘했다고 답해 잘못했다는 응답21%을 훨씬 웃돌았다. 새정치민주연합 지지자의 경우에도 41%와 42%로 팽팽히 맞서 야권 지지층의 고민이 적지 않음을 보여줬다.

호남의 '문재인 비토론'도 안철수 전 대표가 믿는 구석 중 하나였다. 야권 대선후보가 되려면 야권의 텃밭이자 주된 지지 기반인 호남의 민심을 얻는 게 무엇보다 중요하다는 점은 2002년 노무현 돌풍을 통해 입증됐다. 하지만 당시 호남 유권자들 사이에는 2012년 대선에서 패한 문재인 대표로는 2017년 대선의 승리를 보장할 수 없다는 회의론이 폭넓게 퍼져 있었다. 그런 만큼 안철수 전 대표로서는 독자 세력을 구축해 호남 민심 확보에 성공할 경우 향후 야권 단일후보 쟁탈전에서 충분히 우위에 설 수 있을 것으로 기대할 만했다. 한국갤럽의 같은 조사에서도 호남 응답자의 35%는 안철수 전 대표의 탈당은 잘한 일, 32%는 잘못한 일이라고 답해 안철수 전 대표에 대한 기대감이 아직 사라지지 않았음을 보여줬다.

이처럼 문재인 대표와 안철수 전 대표가 동상이몽 속에서 각자 서로

의 길을 가기로 하면서 정치권은 여야 양강 구도에서 '1여다야–與多野'
의 다당제 구도로 전환됐다. 이를 야당의 책임성 측면에서 보면 야당
이 주도권 경쟁에만 매몰되면서 정작 대통령과 여당에 대한 견제는
소홀히 하게 됐다는 점에서 적잖은 문제점을 노출할 수밖에 없었다.
실제로 2016년 2월 박근혜 정부가 국정원의 정보 수집 권한을 강화하
는 테러방지법 제정을 밀어붙일 때도 야당 의원 38명이 국회 본회의
장에서 릴레이로 필리버스터에 나섰지만 끝내 저지하지 못했다. 국회
선진화법에 명시된 야당의 권한조차 제대로 활용하지 못하고 총선 선
거구 획정안 처리를 위해 어쩔 수 없다며 야당 스스로 필리버스터를
중단하고 말았다. 3월 4일 한국갤럽 조사에서 국민의 51%가 테러방
지법에 반대했고 더불어민주당 지지층은 물론 무당파도 찬성은 24%
에 불과한 반면 반대는 60%에 달하는 것으로 나타나는 등 여론의 지
지를 받고 있었음에도 불구하고 총선이란 현실적 이해관계만 신경 쓰
면서 견제와 저항이란 야당 본연의 책임을 저버린 것이었다.

특히 2012년 5월 다수당에 의한 일방적인 법안 강행 처리를 막고
필리버스터 등 소수당의 권리를 보호하는 내용의 국회선진화법을 여
야 합의로 통과시켰음에도 불구하고 이후 4년간 야당이 이를 제대로
활용하지 못한 데 대한 비판도 거셌다. 일각에선 비록 문재인 대표와
안철수 전 대표가 총선 승리와 대선정국의 주도권 확보라는 정치공
학적 셈법에만 집중했다 하더라도 야당의 최대 목표가 집권이란 점
을 감안할 때 불가피한 측면이 있으며 따라서 야당의 책임성과 완전
히 동떨어진 행보로 볼 수만은 없다는 현실론도 제기됐다. 하지만 이
같은 정치현실을 감안하더라도 한국사 교과서 국정화 문제나 일본군

위안부 밀실 합의 논란 등이 잇따라 불거지는 상황에서 당 대변인 논평 외에는 별다른 견제에 나서지 않았다는 점은 비판을 면키 어렵다. 더 나아가 문재인 대표와 안철수 전 대표의 주도권 다툼이 정책 이슈 선점 경쟁으로 발전하지 못하고 당권 경쟁에만 매몰돼 있었던 모습은 정책 대안을 통해 여론과 민심의 지지와 신뢰를 획득해 가려는 노력을 등한시했다는 점에서 야당의 책임성을 망각했다는 비판에서 자유로울 수 없었다. 이처럼 야당의 책임성은 사실상 실종된 상태에서 정치권은 2016년 총선 체제로 접어들게 됐다.

9장

박근혜 정부 3기

1. 최악의 공천 파동과 20대 총선

옥새 파동, 셀프 공천, 도끼 시위

다자 구도로 재편된 정치권은 제각각 총선 준비 체제로 돌입했다. 4·13 총선은 특히 2017년 대선을 앞두고 민심을 최대한 확보하며 기선을 제압해야 하는 중차대한 선거였던 만큼 여야 모두 총력전 태세로 선거에 임했다. 하지만 역대 어느 선거 못지않은 공천 파동이 여야 3당에서 예외 없이 벌어지면서 최악의 선거였다는 혹평을 받았다. 민생 문제 해결을 위한 공약 경쟁에 나서며 여야 모두 정당의 책임성을 수행하려고 노력하기보다 대선의 전초전을 맞아 눈앞에 보이는 권력을 거머쥐는 데만 함몰되는 모습을 보였기 때문이었다. 그 결과 정책과 이념은 실종되고 국민의 참여는 배제된 채 오로지 각 정당의 계파별 공천이 파행으로 점철되면서 유권자인 국민은 후보를 선택할 수 있는 권리가 극도로 제한되고 말았다.

공천 파동은 여당인 새누리당에서 먼저 불거졌다. 야권의 분열이 여당의 자신감을 불렀고, 이는 곧 내부 공천 경쟁에서만 승리하면 사실상 모든 정치권력을 손에 쥘 수 있다는 착각으로 이어졌다. 유승민 원내대표를 사퇴시키는 등 비박계 견제에 총력을 기울이던 친박계는 김무성 대표가 오픈 프라이머리를 통한 상향식 공천을 추진하자 전면전을 선언하고 나섰다. 11월 10일엔 박근혜 대통령까지 직접 나섰다. 박근혜 대통령은 이날 국무회의에서 노동개혁과 경제활성화 법안 처리에 반대하는 야당과 이에 적극 대응하지 않는 일부 여당 의원들을 한꺼번에 질타하며 "국민을 위해서라도 진실한 사람들만이 선택받을 수 있도록 해 달라"고 촉구했다. 이는 대통령이 당내 비박계를 겨냥한 총선 물갈이론에 힘을 실어준 것으로 해석됐다. 이후 새누리당에서는 '진실한 사람'을 뜻하는 '진박'이 돼야 공천을 받을 수 있을 것이란 얘기가 돌기 시작했고, 마침 청와대 참모들이 잇따라 출마를 선언하며 자신이 '진박'이라고 강조하면서 비박계를 바짝 긴장시켰다.

양측의 갈등은 친박계가 박근혜 대통령의 경제 가정교사로 불리던 이한구 의원을 공천관리위원장에 앉히는 데 성공하면서 더욱 고조됐고, 이한구 위원장이 친박계 전략공천을 노골적으로 추진하고 유승민 의원의 자진 사퇴를 강요하면서 새누리당은 내전과 다름없는 혼란에 빠졌다. 결국 유승민 의원은 3월 23일 당적 변경 시한을 1시간 앞두고 탈당했고, 다음 날 김무성 대표는 이한구 위원장이 공천한 친박계 후보 5명의 공천장에 당대표 도장을 찍지 않겠다고 선언하며 부산으로 내려가 버렸다. 한국정치사에서 전무후무한 당대표의 '옥새玉璽 투쟁'

이 벌어진 것이었다. 이 같은 친박계의 도를 넘는 전횡은 총선 후 각종 여론조사에서도 새누리당 패배의 최대 원인으로 꼽힐 정도로 큰 파장을 불렀다. 국민은 안중에도 없다는 듯 수단과 방법을 가리지 않고 오로지 자파 후보 공천에만 사활을 거는 모습은 야당의 분열로 인한 플러스 효과를 상쇄하고도 남았다. 그리고 이는 박근혜 대통령 탄핵의 원인遠因으로 작용했다.

　야당도 여당 못지않았다. 안철수 전 대표의 탈당으로 문재인 대표의 장악력이 더욱 커진 더불어민주당은 지난 대선 때 박근혜 후보 선대위를 이끌었던 김종인 전 의원을 비대위 대표로 전격 영입했다. DJ가 뉴DJ 플랜을 내세우고 박근혜 대통령이 경제민주화를 앞세우며 이미지 변신을 꾀한 것과 같은 맥락이었다. 진보의 한계와 종북 프레임의 극복을 동시에 노린 김종인 카드는 나름 효과를 보는 듯했다. 하지만 김종인 대표가 공천에 대한 전권 행사를 요구하면서 전운이 감돌았고 이후 실제 공천에서도 친노와 운동권 출신을 대거 탈락시키자 당이 심하게 동요하기 시작했다. 여기에 김종인 대표가 임명한 홍창선 공천관리위원장이 자신의 보좌관 출신을 청년 비례대표로 공천하려 한 데 이어 김종인 대표 또한 비례대표 명단을 자신과 가까운 인사들로 채우면서 논란이 급속히 확산됐다. 급기야 김종인 대표가 자신을 비례대표 후보 2번으로 앉히는 '셀프 공천'을 밀어붙이자 갈등은 극에 달했다. 공천公薦은 온데간데없이 사천私薦이 난무한 데다 심지어 자천自薦까지 버젓이 등장하자 "여당이나 야당이 매한가지"라는 비판이 쏟아졌다.

　안철수 신당도 공천 파동에서 예외는 아니었다. 광주 서구갑에서 공천을 받은 정용화 후보는 한나라당 전력이 불거지면서 공천이 취소되자 여의도 당사에서 도끼를 들고 항의시위를 벌였다. 천정배 대표가 이끌던 국민회의와 통합해 국민의당을 창당하며 호남 공략에 본격 나섰던 안철수 대표에게 '도끼 시위'는 새 정치와는 거리가 먼 구태로 비춰졌다는 점에서 뼈아픈 악재일 수밖에 없었다. 공천 막판에는 안철수계 공천심사위원들이 비례대표를 맡기 위해 사퇴했고, 당규 위반 논란이 일자 비례대표 후보를 확정하기 직전 해당 조항을 삭제하는 등 무리수가 잇따랐다. 그나마 새누리당과 더불어민주당의 공천이 워낙 상식을 뛰어넘는 행태였다 보니 여론의 관심을 상대적으로 덜 받은 게 다행이었다. 이처럼 여야를 막론하고 옥새 파동, 셀프 공천, 도끼 시위로 상징되는 최악의 공천 파동이 불거짐에 따라 유권자들 사이에서도 심판론이 급속히 퍼져나가기 시작했다.

새누리당과 민주당을 동시에 심판한 민심

여야 정치권이 정당정치의 근간을 훼손하면서까지 공천을 독점하기 위한 이전투구에만 온통 혈안이 되면서 유권자들이 최종적으로 과연 누구의 손을 들어줄지가 초미의 관심사로 떠올랐다. 그런 가운데 20대 총선은 구체적인 정책 이슈가 실종된 가운데 세 가지 서로 다른 차원의 심판론이 동시에 제기되는 모습을 보였다. 더불어민주당의 정권심판론에 맞서 새누리당은 발목 잡기만 일삼는 야당을 심판해 달라고 호소했다. 여기에 안철수 대표와 국민의당은 기존의 구태정치를 한꺼번에 심판해야 한다고 주장했다.[13] 여야 3당이 제각기 서로를 향해 총부리를 겨누고 나선 셈이었다.

한국 정치, 야당의 길을 묻다

판세는 선거 당일까지만 해도 새누리당에 유리하게 흐르고 있었다. 한국갤럽이 총선 직전인 4월 11~12일 실시한 여론조사에서도 '어느 정당 후보를 찍을 것이냐'는 질문에 35%는 새누리당, 26%는 더불어민주당, 11%는 국민의당을 선택했다. 무엇보다 야권의 분열이 여당의 승리 확률을 크게 높였다. 비록 새누리당이 전례가 없는 공천 파동으로 국민의 눈살을 찌푸리게 했지만 이는 더불어민주당과 국민의당도 마찬가지였다. 이런 분위기를 반영하듯 새누리당 내에서는 국회선진화법을 무력화시킬 수 있는 180석은 물론 개헌 가능선인 200석도 불가능하지 않다는 자신감 넘치는 목소리가 곳곳에서 흘러나왔다. 선거 막판 새누리당 선대위가 예상 의석수를 과반에 조금 못 미치는 145석이라고 밝힌 것도 지지층의 이완과 여론의 역풍을 우려한 부자 몸조심으로 받아들여졌다.

하지만 막상 투표함 뚜껑을 열어 보니 전혀 예상 밖의 결과가 나타났다. 새누리당은 과반에 훨씬 모자라는 122석을 얻는 데 그쳤다. 반면 더불어민주당은 텃밭인 호남에서의 참패에도 불구하고 123석을 차지하면서 일약 원내 제1당으로 올라섰다. 국민의당도 호남을 석권하면서 예상치를 뛰어넘어 38석을 획득했다. 내용면에서도 새누리당의 완패였다. 더불어민주당은 수도권 122석 중 82석을 휩쓸었고 난공불락으로 여겨지던 영남에서도 9석을 얻으며 교두보 확보에 성공했다. 국민의당도 호남 28석 중 3곳을 제외하고 25석을 석권하며 제3당의 위상을 확고히 했다. 특히 정당투표에서 26.74%를 기록하며 25.54%를 얻은 더불어민주당을 앞서는 이변을 연출했다. 유권자들이 박근혜 정부와 집권 여당을 심판하기 위해 지역구 선거에서는 더불어민주당을 선택하고, 무능하고 무책임한 야당을 심판하기 위해 정당투표에서는 국민의당을 선택하는 '순차심판론'이 작동한 셈이었다.[14] 이같은 유권자들의 적극적인 교차투표와 전략적 선택의 결과 2000년 16대 총선 이후 16년 만에 여소야대 정국을 맞이하게 됐다.

새누리당의 예상 밖 참패에 대해 정치권과 학계에서는 야권의 분열을 과신한 나머지 최악의 공천 다툼을 벌인 게 가장 직접적인 원인이라고 분석했다. 하지만 그 기저에는 지난 3년여 동안 박근혜 정부가 일방통행식으로 국정을 운영하고 거리낌 없이 민주주의에 역행하는 모습을 보인 데 대한 민심의 누적된 불만이 자리 잡고 있었다. 여기에 집권 기간 내내 공안 통치를 일삼으며 권위주의적 행태로 일관한 박근혜 정부를 제대로 견제하지 못하고 내부 지분 다툼만 일삼은 야당의 무책임성에 대한 준엄한 경고가 더해졌다고 볼 수 있다.

이는 총선 투표율에서도 증명되고 있다. 무엇보다 새누리당의 이전투구에 실망한 보수층의 결집도 약화가 눈에 띄었다. 실제로 '콘크리트 지지층'으로 불리던 영남 지역 유권자와 5060세대의 이탈이 두드러졌다. 새누리당의 텃밭인 영남의 경우 투표율이 대구 54.8%, 부산 55.5%를 기록하며 전국 평균 58.0%를 밑돌았다. 세대별 투표율에서도 50대 이상 투표율은 전반적으로 하락한 반면 20대와 30대는 7.1~11.9%포인트나 급등한 것으로 조사됐다. 이처럼 새누리당 지지자들의 투표율 저하와 젊은 층의 적극적인 투표 참가가 겹치면서 20대 총선은 모두의 예상을 뒤엎고 '박근혜 정부 심판론'의 승리로 귀결됐다.

제1야당인 더불어민주당에게도 총선 결과는 양날의 칼로 다가왔다.

여권의 자멸에 따른 어부지리로 전혀 기대하지 않았던 제1당의 지위까지 차지하게 됐지만 그와 동시에 텃밭인 호남에서 완패하고 정당투표에서도 3등으로 밀리는 수모를 겪으면서 기회와 위기를 동시에 맞게 됐다. 또한 안철수 대표가 이끄는 국민의당과의 야당 경쟁에서 뒤처지지 않기 위해서라도 새로 구성되는 20대 국회에서는 예의 무기력한 모습을 벗고 여당에 대한 보다 강력한 견제와 실효성 있는 정책대안 제시 등을 통해 야당의 책임성을 한층 강화해야 하는 숙제를 안게 됐다.

2. 촛불집회와 박근혜 대통령 탄핵

최순실이 촉발한 '광장의 정치'

친박계와 비박계 내분으로 인한 새누리당의 총선 패배는 정국의 주도권이 박근혜 정부와 집권 여당에서 야권으로 넘어가는 결정적 계기로 작용했다. 새누리당 스스로도 공천 갈등이 결국 국민에게는 실망을, 새누리당에게는 총선 패배를 가져다준 가장 큰 원인이 됐다고 인정할 정도였다.[15] 그럼에도 불구하고 친박계와 비박계의 싸움은 멈출 줄을 몰랐다. 혁신위원장에 누구를 임명하느냐를 놓고 또다시 힘겨루기를 벌이는가 하면, 유승민 의원 등 박근혜 대통령이 '배신의 정치'로 낙인찍은 무소속 당선자 7명의 일괄 복당을 둘러싸고 친박계인 권성동 사무총장이 사퇴하기도 했다. 여기에 새 지도부를 뽑는 전당대회에서 박근혜 대통령의 최측근인 이정현 의원이 당대표로 선출되자

"도로 친박당이 됐다"는 여론의 비판이 거세졌다. 비박계의 이탈 움직임이 본격화되면서 '정신적 분당' 상태에 빠진 새누리당에 대한 우려의 목소리도 커지기 시작했다. 이는 곧 박근혜 정부의 정국 장악력 약화와 내부 이완으로 이어지면서 결코 드러날 것 같지 않던 '비선 실세' 최순실의 실체가 만천하에 밝혀지는 결과를 초래하게 됐다.

최순실의 국정농단은 9월 20일 한겨레 보도로 처음 수면 위로 떠올랐다. 이때까지만 해도 박근혜 대통령의 강한 반박에 일회성 폭로에 그치는 분위기였다. 하지만 박근혜 대통령이 국회 시정연설에서 개헌 카드를 공식적으로 꺼내든 10월 24일 저녁 최순실 소유의 태블릿 PC에서 박근혜 대통령의 연설문 등 청와대 내부 문건이 대거 발견됐다는 보도가 나오면서 상황은 급반전됐다. 박근혜 대통령은 바로 다음 날 '국민께 드리는 말씀'을 통해 "순수한 마음으로 한 일"이라고 해명했지만 이미 터져버린 둑을 막기엔 역부족이었다. 10월 29일 1차 촛불집회가 열리며 '광장의 정치'가 시작되자 박근혜 대통령은 11월 4일 2차 대국민담화를 통해 "이러려고 대통령을 했나 자괴감이 들 정도다. 모든 게 저의 잘못이고 불찰"이라며 특검 수용 의사까지 밝혔다. 하지만 주말 촛불집회 참가 인원은 기하급수적으로 늘어갔다. 12월 3일 6차 촛불집회에는 전국에서 232만 명이 참석했다. 헌정 사상 최대 규모였다.

1987년 6·10 민주항쟁 시위와 2008년 촛불시위에 이어 2016년에 시위의 성격과 규모면에서 한층 성숙한 형태의 촛불집회가 재현된 데 대해 정치권과 학계에서도 여러 분석과 평가가 제기됐다. 특히 시민단체들이 연합해 '박근혜 정권 퇴진 비상국민행동'을 구성하고 집회를 주관하긴 했지만 예전처럼 시위를 '주도'하지는 않았다는 점에서 이전의 시위와 뚜렷이 대비됐다. 200만 명에 달하는 참가자 대부분은 자발적으로 촛불집회에 동참한 평범한 시민이었다. 직장인과 대학생은 물론 중고생들의 참여도 눈에 띄게 늘었다. 주말을 맞아 가족·친구들과 마치 '축제'를 즐기러 나온 듯한 분위기도 조성됐다. 참가자들 모두 평화집회를 외치며 일부 강경파의 폭력 사용을 극구 말리는 모습도 곳곳에서 목격됐다. 집회의 기획, 구성, 조직, 운영에서 해산까지 국내는 물론 전 세계적으로도 유례를 찾아보기 힘든 자발적·체계적·수평적·평화적 시위가 2016년 가을 한국정치에 등장한 것이었다.

게다가 촛불집회에는 진보와 보수가 따로 없었다. 비선 실세 최순실의 국정농단은 보수 지지층에게도 상상조차 할 수 없는 사건이었다. 한국갤럽이 태블릿PC 보도 직후 실시한 여론조사에서 박근혜 대통령이 잘못하고 있다는 응답은 74%에 달했다. 특히 60대 이상도 52%가 잘못하고 있다고 답해 박근혜 정부 들어 처음으로 잘하고 있다는 응답36%을 앞섰다. 한국갤럽의 11월 22~24일 조사에서 박근혜 대통령의 지지도는 역대 대통령 지지도 중 가장 낮은 4%를 기록했다. 30대까지는 박근혜 대통령을 지지한다는 응답자가 단 한 명도 없었고 40대 4%, 50대 6%에 60대 이상도 9%에 불과했다.

문제는 촛불집회가 추동한 광장의 정치가 야당에게도 심각한 위기로 다가왔다는 점이다. 대의민주주의 체제에서 정당, 특히 야당이 제역할과 책임을 다하지 못하자 유권자들이 직접 거리로 나와 정권 심판과 박근혜 퇴진을 외치게 됐다는 점에서였다. 실제로 촛불집회는 한층 진화된 형태의 직접민주주의가 현실화되는 가운데 기존 제도권 야당이 집회 참가자들의 요구를 계속 뒤따라가는 모습으로 진행됐다. 시민의 힘이 주저하는 야권을 탄핵안 발의로 견인한 셈이었다.[16] 한국 민주주의에서 대의제도와 절차가 심각하게 위축되고 있다는 경고음도 흘러나왔다. 4·19 혁명이 박정희 집권으로, 6·10 민주항쟁이 노태우 당선으로 귀결됐듯이 지난 4년간 박근혜 정부의 독선과 불통을 제대로 견제하지도 못하고 대안도 제시하지 못한 무기력한 야당으로 인해 2016년의 촛불집회마저도 제도 정치권 차원의 논의로 수렴되는 과정에서 또다시 찻잔 속의 태풍으로 끝날지 모른다는 우려도 적잖았다.

반면 촛불 시민이 민주주의의 책임성을 담보하는 주체로 떠올랐음에도 불구하고 여전히 대의제도의 정상화에 기대를 걸고 있다는 점에서 기존 야당에겐 아직 희망과 기회가 있다는 주장도 제기됐다. 스페인이나 이탈리아의 경우처럼 분노한 시민들이 새로운 정당 건설로 나아가지 않았을 뿐 아니라 선거 과정에서 정당의 중심성 또한 인정하고 있다는 점에서였다. 즉 촛불 시민이 대의제도의 능력은 불신하면서도 대의제도가 상시적으로 시민들과 소통하고 연계되길 여전히 기대하고 있다는 것이었다.[17] 이는 200만 명이 넘게 모인 도심 집회를 끝까지 평화적으로 이끌 정도로 수준 높은 민의와 절제력을 보여준 시민들이 현실정치 측면에서도 냉정함을 공유한 채 기존 제도권 야당을 아직은 버리지 않고 있음을 보여줬다는 점에서 시사하는 바가 크다고 하겠다.

여당 의원들까지 찬성한 대통령 탄핵

촛불집회로 확산된 민심 이반은 '박근혜·최순실 게이트'의 실체가 하나씩 드러나면서 절정에 달했다. 검찰도 11월 20일 중간 수사결과를 발표하며 공소장에 박근혜 대통령을 최순실 국정농단의 공동정범으로 적시했다. 여론이 걷잡을 수 없이 흐르자 전직 국회의장 등 여권 원로들도 11월 27일 박근혜 대통령의 하야 결단을 촉구하기에 이르렀다. 이에 박근혜 대통령은 11월 29일 3차 대국민담화를 통해 임기단축을 포함한 진퇴 문제를 국회 결정에 맡기겠다고 밝혔다. 새누리당도 질서 있는 퇴진론을 내세우며 2017년 4월 퇴진, 6월 조기 대선을 당론으로 채택했다. 하지만 촛불 민심은 이미 박근혜 대통령 즉각 퇴진과 탄핵을 외치고 있었다. 1960년과 1987년의 과오를 되풀이하지 않겠다는 여론의 공감대가 확고한 상태에서 박근혜 대통령과 새누리당의 절충론은 전혀 효과를 보지 못했다. 한국갤럽 조사에서도 국민의 81%가 대통령 탄핵에 찬성하는 것으로 나타났다.

야당도 눈치만 보고 있을 수는 없었다. 그동안 야당의 책임성은 망각한 채 오히려 카르텔정당의 속성에 젖어 제도권 야당의 기득권을 향유하는 데만 익숙해져 있던 야당이었지만 순식간에 타오른 촛불 민심 앞에서 더 이상 좌고우면할 수만은 없었다. 특히 더불어민주당과 국민의당, 정의당 등 복수 야당 체제가 정착돼 가는 상황에서 방관만 하고 있다가는 자칫 야당의 선명성 경쟁에서 밀리기 십상이었다. 그럴 경우 2017년 대선 가도에서도 치명타를 입을 수밖에 없었다. "야당은 즉각 나서라"는 광장의 요구도 갈수록 거세졌다. 새누리당 지지율도 12%를 기록하며 역대 최저 수준까지 떨어져 있었다. 결국

11월 20일 문재인·안철수 등 야권 대선주자들이 한자리에 모여 박근혜 대통령의 범죄 사실이 중대한 탄핵 사유가 된다는 데 의견을 같이 하고 탄핵 논의에 착수할 것을 국회에 공식 요청했다.

국회에서 대통령 탄핵안이 통과되려면 의원 200명 이상 찬성해야 하는 만큼 새누리당 의원들의 동참이 필수였다. 조사 결과 새누리당 비박계와 중도파 의원 상당수가 탄핵에 찬성하는 것으로 나타났다. 11월 23일엔 김무성 대표가 기자회견을 열고 "박근혜 대통령은 국민을 배신하고 새누리당을 배신했으며 헌법을 심대하게 위반했다"며 "박근혜 대통령 탄핵에 앞장서겠다"고 밝혔다. 이에 야 3당은 12월 3일 박근혜 대통령 탄핵소추안을 국회에 발의하고 9일 표결 처리하기로 합의했다. 표결 날짜를 놓고 논란이 일기도 했지만 대세엔 지장이 없었다. 12월 9일 국회 표결 결과 찬성 234표, 반대 56표, 기권 2표, 무효 7표로 탄핵안은 가결됐다. 2004년 3월 노무현 대통령 탄핵에 이어 헌정사상 두 번째로 현직 대통령 탄핵안이 통과되는 순간이었다.

한때 무소불위의 권력을 과시하던 박근혜 대통령이 한순간에 추락하게 된 것은 비선 실세 최순실의 국정농단이 직접적인 방아쇠로 작용하긴 했지만 지난 4년간의 통치 방식이 가져온 필연적 결과라는 평가 또한 적잖았다. 무엇보다 2010년대의 한국 사회를 1970년대와 같은 방식으로 통치하려 한 게 화근을 불렀다. 아버지 박정희의 명예회복이 제1의 목표였던 박근혜 대통령은 아버지 시대의 성장주의와 국가주의를 지금의 시대정신으로 착각했다.[18] 하지만 아버지 시대와 달리 대통령 혼자 말하고 장관들은 받아 적기만 하는 일방통행식 국정 운영으로는 산적한 현안을 제대로 해결할 수 없었다. 집권당은 물론 야당과의 관계도 원활하지 않았고 국민과의 소통에도 전혀 신경 쓰지 않았다. 대신 최순실과 김기춘, 문고리 3인방 등 몇몇 측근과 권력기관에 의존한 채 공안 통치에만 몰두했다. 그런 점에서 박근혜 대통령 탄핵은 박정희 시대와 결별하고 보수층에 잠재돼 있던 '박정희 신화'를 깨뜨렸다는 점에서 적잖은 의미를 내포한다고 볼 수 있다.

박근혜 대통령 탄핵은 야당의 책임성 측면에서 볼 때도 중요한 시사점을 던져주고 있다. 2004년 노무현 대통령 탄핵 당시에는 추진 주체인 야당이 여론의 신뢰와 국민적 공감대를 얻지 못한 채 정국 상황을 아전인수로 해석하고 뒤이은 총선 승리만 생각하며 일방적으로 밀어붙였다가 거센 후폭풍에 직면해야 했다. 반면 2016년 박근혜 대통령 탄핵은 국민의 80% 이상의 절대적 지지 속에서 추진된 만큼 역풍이 일어날 가능성이 처음부터 거의 존재하지 않았다. 심지어 여당인 새누리당 비박계 의원들 중 상당수도 탄핵에 동참하고 나섰다. 이는 야당의 책임성은 결국 여론과 민의에 대한 책임이며, 야당의 견제와 저항도 여론의 지지와 공감 속에 추진돼야 성공할 수 있다는 가설을 실증적으로 입증해 준다는 점에서 한국정치사에 매우 의미 있는 참고 사례를 제시해 주고 있다.

3. 19대 대선과 야당의 책임성

촛불민심이 이끈 장미 대선과 문재인의 당선

박근혜 대통령 탄핵안을 넘겨받은 헌법재판소는 17차례의 변론과 26차례의 증인 신문을 거쳐 3월 10일 "박근혜 대통령의 헌법 수호 의지가 드러나지 않는다"며 재판관 8명 전원일치로 대통령 파면을 결정했다. 이정미 헌법재판소장 권한대행의 "피청구인 대통령 박근혜를 파면한다"는 발언을 끝으로 박근혜 시대는 막을 내렸다. 이로 인해 2017년 12월 19일로 예정됐던 19대 대선은 '대통령이 궐위된 때에는 60일 이내에 후임자를 선거한다'는 헌법 제68조 제2항에 따라 조기 대선으로 치러지게 됐다. 이후 대선 날짜가 5월 9일로 정해지면서 '장미 대선'을 향한 대선주자들의 경쟁이 본격화됐다.

장미 대선은 촛불민심에 의해 박근혜 대통령이 탄핵된 상황에서 치러지는 대선인 만큼 야당에게 절대적으로 유리한 환경 속에서 전개됐다. 실제로 헌법재판소의 탄핵 결정 직후 한국갤럽이 실시한 대선주자 지지도 조사에서 문재인 후보가 33%로 압도적 선두를 달리는 가운데 안희정18%, 안철수10%, 이재명8%, 심상정1% 등 범야권 후보 지지도의 총합이 70%에 달했다. 반면 여권은 2016년 중반까지만 해도 지지도 1위를 기록하던 반기문 전 유엔 사무총장이 2월 1일 불출마를 전격 선언한 데 이어 황교안 대통령 권한대행마저 3월 15일 불출마 뜻을 밝히면서 변변한 대항마조차 내세우지 못할 상황에 처했다. 오히려 더불어민주당 내부 경선이 사실상의 결승전이 될 것이란 예상이 지배적이었다.

촛불의 최대 수혜자는 문재인 후보였다. 당초 야권에는 문재인 비토론과 문재인 필패론이 폭넓게 퍼져 있었다. 2012년 대선 패배 전력과 친노의 한계라는 굴레가 표의 확장성에 의문부호를 달게 했다. 하지만 2016년 총선이 반전의 계기가 됐다. 안철수 후보가 탈당하고 김종인 비대위 대표의 셀프 공천 파동을 겪으면서도 결과적으로 제1당을 이뤄내면서 문재인 필패론을 극복할 수 있었다. 더욱이 총선 승리를 바탕으로 야권 대선후보 지지도 1위 자리에 오른 지 얼마 지나지 않아 박근혜 대통령이 탄핵되고 곧바로 조기 대선으로 이어지면서 선두 효과를 십분 활용할 수 있게 됐다. 문재인 후보가 20대 총선에서 대선후보직을 걸며 승부수를 띄울 때만 해도 무리수를 두는 것 아니냐는 우려가 적잖았지만 결과적으로는 필패론을 대세론으로 탈바꿈시키는 신의 한 수를 둔 셈이 됐다.

반면 여권은 결국 쪼개지고 말았다. 국회 탄핵안 표결에서도 새누리당에서 최소 62명이 찬성표를 던진 것으로 확인되면서 친박계와 비박계의 감정싸움은 극에 달했다. 결국 2017년 1월 비박계 의원들이 집단 탈당해 바른정당을 창당했고 3월 28일 유승민 의원을 대선후보로 선출하며 보수 적자 경쟁에 뛰어들었다. 친박계도 당명을 새누리당에서 자유한국당으로 바꾸며 박근혜 지우기에 나섰다. 아무리 친박계의 보스라고 해도 탄핵 당한 대통령이 속했던 당명을 그대로 유지한 채 대선을 치를 수는 없다는 현실적 판단에서였다. 이후 3월 31일 자유한국당 대선후보로 선출된 홍준표 전 경남지사는 유승민 후보와 단일화를 추진하겠다고 선언했는데, 이는 야당의 단골 메뉴를 그대로 가져다 쓴 것이었다.

더불어민주당 경선은 문재인 후보와 안희정·이재명 후보의 1강 2중 구도로 진행됐다. 한때 안희정 후보에 대한 관심이 높아지면서 친노 적자 자리를 둘러싼 정면 승부가 불가피할 것이란 전망도 제기됐다. 하지만 안희정 후보가 '선의' 발언 등으로 잇따라 구설에 오르면서 지지도 격차가 다시 벌어졌고, 결국 4월 3일 문재인 후보가 더 이상의 이변 없이 더불어민주당 대선후보로 최종 선출됐다. 문·안 대결은 이걸로 끝이 아니었다. 바로 다음 날인 4월 4일 안철수 후보가 국민의당 대선후보로 선출되면서 지지도가 급격히 상승했기 때문이었다. 한국갤럽이 4월 4~6일 실시한 여론조사에서 안철수 후보는 35%를 얻어 38%의 문재인 후보를 오차범위 내에서 바짝 추격했다. 일주일 전만 해도 19% 대 31%였던 지지도 격차가 3%포인트 차이로 좁혀진 것은 안희정 후보를 지지하던 중도 표심의 이동과 문재인 후보를 견제하려는 보수층의 전략적 선택이 더해진 결과로 분석됐다.

특히 몇몇 여론조사에서는 양자 가상대결을 벌일 경우 안철수 후보 지지도가 처음으로 앞서는 '골든크로스' 현상이 나타났다. 4월 4~5일 중앙일보 여론조사에서도 양자 대결 때 안철수 후보 50.7%, 문재인 후보 42.7%로 안철수 후보가 앞섰다. 하지만 TV토론에서 사실상 승부가 갈렸다. 안철수 후보가 토론 도중 갑철수, MB 아바타 등을 거론하며 네거티브 논란을 자초하면서 급속히 내리막길을 탔다. TV토론 직후 한국갤럽이 실시한 여론조사에서도 안철수 후보는 '어느 후보가 TV토론을 가장 잘했느냐'는 질문에서 6%를 얻어 5명의 후보 중 가장 적은 지지를 받았다. 그러면서 대선후보 지지도 또한 문재인 후보 40%, 안철수 후보 24%로 다시 벌어졌다.

5월 9일 문재인 후보는 제19대 대통령에 당선됐다. 개표 결과 문재인 후보는 1,342만 3,800표41.08%를 획득해 785만 2,849표24.03%를 얻은 홍준표 후보를 여유 있게 제쳤다. 557만 951표 차이는 역대 최다 표차 당선 기록이었다. 막판까지 선두 다툼을 벌였던 안철수 후보는 699만 8,342표21.41%로 홍준표 후보에게도 뒤진 것으로 집계됐다. 끝까지 완주할지 여부가 관심사였던 유승민 후보는 220만 8,771표6.76%로 4위를, 심상정 후보는 201만 7,458표6.17%로 5위를 차지했다.

탄핵 효과는 곳곳에서 나타났다. 문재인 후보는 민주당 계열 대선 후보로는 처음으로 부산과 울산에서 보수 정당 후보를 앞섰다. 불모지 대구·경북TK에서도 사상 처음 20% 이상 득표했다. 서울에서도 25개 자치구를 석권한 가운데 강남 3구에서도 승리를 거뒀다. 탄핵 후 조기 대선을 치른 관계로 인수위원회 없이 다음 날인 5월 10일 문재인 대통령은 곧바로 취임식을 하고 대통령으로서 첫 업무에 들어갔다. 더불어민주당으로서는 2007년 12월 이명박 후보에 패한 뒤 9년 반 만에 되찾아온 정권이었다.

뒤바뀐 여야: 야당의 책임성이 중요해진 이유

19대 대선은 촛불로 시작해 촛불로 끝난 대선이었다. 촛불민심이 조기대선을 이끌었고 촛불민심이 정권교체를 이뤄냈다. 더불어민주당과 문재인 후보가 별다른 위기 없이 승리할 수 있었던 것도 새누리당과 박근혜 대통령 추종자들에게 정권을 다시 내줄 수 없다는 촛불민심의 일치된 결의 때문이었다. 더불어민주당과 문재인 후보로서는 사실상 어부지리를 얻은 셈이었다. 만약 대선이 정상적으로 치러졌다면 박근혜 정부 4년간 드러난 야당의 무책임성과 무능력에 대한 회고적 투표가 이뤄지면서 결코 승리를 장담할 수 없는 상황이었다. 야당의 책임성 측면에서 봤을 때 박근혜 정부에서의 야당은 낙제점을 면키 어려웠다. 하지만 박근혜 대통령과 여당인 새누리당이 스스로 무너지면서 반전이 일어났다. 특히 비선 실세 충격이 컸다. 이는 자존심 강한 보수 지지층이 급격히 등을 돌리는 결정적 계기가 됐다. 보수층이 지지를 철회하면서 추는 한쪽으로 기울 수밖에 없었다.

박근혜 정부는 너무 강했다. 처음부터 끝까지 강공 일변도였다. 좀처럼 강경 행보를 늦추려 하지 않았다. 이러면 언젠가 부러질 수밖에 없었다. 정치는 현실이고 타협이다. 타협은 양보를 수반한다. 민주주의 체제에서 100% 승리란 존재하지 않고 존재할 수도 없다. 존재해서도 안 된다. 하지만 2012년 대선에서 승리한 박근혜 대통령은 기고만장했다. 민주주의 국가의 대통령이 아닌 독재정권의 총통으로 착각했다. 그러니 '신민臣民'에 불과한 국민과 소통할 필요성도 느끼지 못했고, 야당과 대화하며 일정 부분 의회 권력을 공유해야 한다는 민주주의 기본 원리도 지킬 생각이 없었다.

대선 공약으로 국민대통합을 내걸었지만 애당초 이행할 의지조차 갖고 있지 않았다. 국민이 잘도 속았을 뿐이었다. 경제민주화도 마찬가지였다. 취임 6개월 만에 폐기 처분해도 이에 반발하는 정치인도, 세력도 없었다. 야당은 이미 종북이란 단어만 꺼내도 소스라치게 놀라며 이내 스스로 몸을 움츠리는 가련한 존재가 돼버린 지 오래였다. 야당의 견제도, 제재도, 저항도 없으니 만사태평이었다. 이렇게 무책임한 야당은 천운이나 다름없었다. 게다가 곁엔 오랜 벗 최순실이 있

한국 정치, 야당의 길을 묻다

었다. 웬만한 일은 알아서 다 해결해주니 이보다 더 편할 수가 없었다. 이제 아버지의 신화만 완성하면 되는 거였다.

야당도 별반 다를 게 없었다. 박근혜 정부 4년간, 더 나아가 이명박·박근혜 정부 9년간 헛발질의 연속이었다. 도대체 집권 의지를 갖고는 있는지 의구심이 들 정도였다. 김대중·노무현 정부 10년을 거치면서 집권 여당의 생리에 익숙해지다 보니 어느새 야성野性을 잃어버렸다. 당시 야당이던 한나라당이 천막당사를 치고 절치부심하며 정권을 되찾아올 날만 손꼽아 기다리던 모습과는 전혀 딴판이었다. 야당이 돼서도 후보 단일화만 맹신했다. 만약 박근혜·최순실 게이트가 터져 나오지 않았다면 야권 내에서는 문재인·안철수의 대선후보 단일화가 또다시 최대 화두로 떠올랐을 것이다. 안철수 후보도 새 정치를 들고 나오면서 일약 야권의 희망으로 떠올랐지만 알고 보니 기존 제도권 정치를 구태로 몰아붙이기엔 자신의 내공부터 빈약했다. 지지자들의 희망과 기대를 충족시켜줄 콘텐츠를 끝내 제시하지 못한 데다 민주당 조직을 압도할 만한 시민적 연대를 구축하는 데도 실패하고 말았다. 이로 인해 안철수 후보 주변에 모였던 '가치 신봉자'들은 모두 떠나고 그의 지지도에 기대어 현실적 이득을 추구하려는 '경력 추구자'들만 남게 됐다.[19]

야당의 또 다른 행운은 박근혜 대통령이 후계자를 키우지 않았다는 점이었다. 오히려 친박계 후보를 앞세우고 친박계 정당을 보다 공고히 하면서 퇴임 후에도 섭정을 하겠다는 강력한 의사를 표명했다. 2016년 총선에서 수단과 방법을 가리지 않고 친박 공천을 밀어붙인 게 대표적인 예다. 반면 2007년과 2012년 대선 때와는 달리 야권에는 경쟁력 있는 복수의 후보군이 자리 잡고 있었다. 여당은 이명박·박근혜라는 막강한 대선후보 이후 맥이 끊겨버린 데 비해 야당은 오랜 가뭄 끝에 인물난에서 벗어나면서 이제야 숨통이 트인 셈이었다.

이는 야당의 책임성을 완수하는 데 있어 주요 변수 중 하나가 강력한 차기 리더십의 존재 여부라는 가설과도 부합한다. 문재인 후보를 비롯해 안철수·안희정·박원순·이재명 후보 등이 각종 대선후보 지지도 조사에서 상위권을 휩쓸면서 야권 전체에도 자연스레 힘이 실리게 됐기 때문이었다. 만약 뚜렷한 야권 대선후보가 없었다면 촛불집회가 대통령 탄핵까지 이어지고 더 나아가 탄핵안이 국회와 헌법재판소를 통과할 거라고 어느 누구도 장담할 수 없었다. 그게 냉정한 정치현실이었다. 반면 여당은 구심점이 될 만한 대선후보가 없다 보니 대통령 탄핵이란 중대한 갈림길 앞에서 분열될 수밖에 없었다. 그런 점에서 2016년 탄핵을 전후한 새누리당의 모습은 2007년 대선을 앞둔 열린우리당과 대통합민주신당의 모습과 매우 흡사했다. 강력한 차기 주자가 없다는 점, 집권보다는 당권 장악에만 혈안이 돼 있다는 점, 통합보다는 분열의 원심력이 훨씬 강하게 작동한다는 점에서였다. 이로 인해 야당에게 어부지리를 안겨준 결과 또한 똑같았다.

19대 대선 결과 여당은 야당이 됐고 야당은 여당이 됐다. 하지만 여당인 더불어민주당과 야당인 자유한국당은 여전히 새로운 역할에 제대로 적응하지 못하고 있다. 무기력·무능력, 그리고 무책임한 정치권의 모습은 여야가 따로 없다. 현재 야당인 자유한국당은 노무현 정부 시기의 야당과 이명박·박근혜 정부의 야당을 반면교사로 삼아야 한다. 무상급식 등 정책 대안을 통해 야당의 책임성을 수행하는 데 성공

한국 정치, 야당의 길을 묻다

한 몇몇 사례를 제외하곤 사실상 실패의 연속이었기 때문이다. 그럼에도 문재인 정부의 제1야당인 자유한국당은 이전 정부의 야당이 실패한 길을 똑같이 따라 걷고 있는 모습이다. 하지만 지지 여부를 떠나 민주주의 발전이란 대의에서 볼 때 야당의 거듭된 실패는 결코 바람직하지 않다. 야당이 바로 서야 대통령과 집권 여당도 긴장의 끈을 풀지 않게 되고 제2의 최순실 사태도 미연에 방지할 수 있다. 야당의 책임성이 더욱 중요해지는 이유도 바로 여기에 있다.

맺으며

　야당은 여당에 대한 견제와 제재, 저항을 통해 여당의 실정을 국민에게 알리며 야당의 존재감을 부각시키는 한편, 자신만의 정책 대안을 제시하며 여론의 지지와 신뢰를 획득함으로써 차기 선거에서 정권을 되찾아 오는 것을 목표로 한다. 이에 따르면 대선에서 패배한 이명박 정부 시기의 야당과 달리 노무현 정부와 박근혜 정부 시기의 야당은 대선 승리를 통해 정권 교체라는 결과를 얻어냈다는 점에서 소기의 목적을 달성했다고 볼 수도 있다. 즉 대선 승리라는 기준만으로 야당의 성패를 가를 경우 노무현 정부 시기의 한나라당과 박근혜 정부 시기의 더불어민주당은 야당으로서 정치적 성공을 거뒀다고 평가할 만하다.

　하지만 야당의 책임성 측면에서 보면 세 시기의 야당 모두 뚜렷한 한계를 드러내고 있다. 앞에서 분석한 것처럼 결과적으로는 선거에서 승리했을지 몰라도 과정이나 내용면에서는 미흡하기 짝이 없었다. 심지어 낙제점을 면키 어렵다는 지적을 받을 때도 적잖았다. 특히 야당의 책임성은 '여론과 민의에 대한 책임'이란 기본 명제에 비춰볼 때 이들 야당은 주요 정국 현안에 대처하는 과정에서 잇따라 민의와는 동떨어진 행보를 보여 왔다는 점에서 비판을 면키 어려웠다. 정국의 고비 때마다 내부 권력 다툼에만 매몰되면서 대여 견제는 등한시하는 '무책임한' 모습을 반복했기 때문이다. 대선 승리도 현실적으로 야당이 잘해서가 아니라 여권의 분열과 자중지란에 따른 반사이익이 더 크게 작용한 측면이 강했다. 더 나아가 야당의 책임성을 확보할 수 있는 두 가지 핵심 수단으로 견제와 대안을 상정할 경우 세 시기의 야당은 대통령과 집권 여당을 견제하는 데만 신경을 썼을 뿐 무상급식 공약 등 극히 일부 사례를 제외하고 대안 제시에는 소홀하면서 야당의 책임성을 온전히 수행하지 못하는 공통점을 보였다.

그런 가운데서도 견제와 제재, 저항의 수단을 행사하는 데 있어서는 세 시기의 야당이 사뭇 차이를 보였다. 대통령 탄핵 추진이 대표적이다. 노무현 정부 시기의 한나라당과 박근혜 정부 시기의 더불어민주당은 가장 강력한 차원의 견제 수단인 탄핵이란 카드를 꺼내 들었다는 점은 같았지만 결과는 정반대였다. 한나라당은 무리하게 탄핵을 추진하다가 역풍을 초래한 데 비해 더불어민주당은 박근혜 대통령 탄핵을 결국 성사시켰고 정권 교체에도 성공했다. 한나라당의 탄핵 실패는 여론의 지지와 국민적 공감대 확보 없는 견제는 성공할 수 없다는 이 책의 가설을 가장 실증적으로 증명해 주는 사례라고 할 것이다. 이는 탄핵 당시의 각종 여론조사 결과를 통해서도 증명이 되고 있다. 거꾸로 더불어민주당이 다른 야당들과 박근혜 대통령 탄핵안을 통과시킬 당시엔 80%가 넘는 절대적인 여론의 지지를 받고 있었고, 이 같은 압도적 여론은 이후 탄핵 절차가 흔들림 없이 마무리되는 데 있어서 결정적 요인으로 작용했다. 이 또한 국민의 신뢰와 공감대 확보가 선행돼야 견제를 통한 야당의 책임성도 성공적으로 수행될 수 있음을 증명하는 사례라고 할 수 있다.

견제의 실패와 성공 이후의 행보에 있어서도 노무현 정부 시기의 야당과 이명박·박근혜 정부 시기의 야당은 극명한 대조를 보였다. 노무현 대통령 탄핵에 실패했던 한나라당은 이를 반면교사로 삼으며 반등을 이뤄낸 반면, 이명박·박근혜 정부 시기의 야당은 지방선거에서 좋은 성적을 거두는 등 여론의 신뢰를 회복하는가 싶을 때마다 내부 분열이 끊이질 않으면서 결국엔 자멸하고 마는 악순환을 거듭했다. 2004년 한나라당은 탄핵 후폭풍이 거세게 일자 곧바로 천막당사로 옮기며 몸을 낮췄고 이를 통해 총선에서도 최악의 결과는 피할 수 있었다. 한나라당의 변신은 17대 국회 들어 여권이 추진한 4대 개혁입법을 저지하는 과정에서 잘 드러났다. 탄핵 실패를 통해 여론의 지지와 신뢰 확보가 무엇보다 중요하다는 사실을 절감한 한나라당과 박근혜 대표는 이후 국가보안법과 사학법 등을 저지하는 과정에서 이념적 대결 프레임을 효과적으로 동원하며 보수 지지층을 다시 규합해 내는 데 성공했다. 그리고 이렇게 강화된 지지층은 2007년 대선에서도 큰 위력을 발휘하며 10년 만의 정권 교체를 가능케 하는 원동력이 됐다.

반면 이명박·박근혜 정부 시기의 야당은 지방선거를 통해 민심을 되찾아오고 반전의 계기를 마련할 수 있었다는 공통점을 갖고 있으면서 동시에 바로 직후 치러진 재·보궐선거에서의 참패로 더욱 큰 나락에 빠져들게 됐다는 점 또한 똑같았다. 한순간에 추락하게 된 원인이 내부 권력 다툼과 공천 파동이란 점 또한 다르지 않았다. 이명박 정부 때의 실패를 4년 뒤 박근혜 정부 때 야당도 똑같이 반복했다. 2010년 천안함 사태에도 불구하고 무상급식이란 정책 대안을 제시하며 예상을 뒤엎고 6·2 지방선거에서 승리한 민주당은 야당의 책임성 측면에서 견제와 대안이라는 두 가지 핵심 수단을 동시에 사용하며 여론의 지지를 이끌어내는 데 성공했다는 점에서 2006년 지방선거에서 견제와 저항 일변도의 전략으로 승리한 한나라당보다 한 단계 진일보했다는 평가를 받았다. 하지만 바로 뒤이은 7·28 재·보궐선거를 앞두고 당권 다툼과 야권 후보 단일화 과정의 잡음이 잇따르면서 패배를 자초했고, 이는 정세균 대표 등 지도부 총사퇴로 이어지면서 이명박 정부에게도 심기일전할 수 있는 계기를 제공하게 됐다.

2014년 6·4 지방선거도 민주당과 안철수 신당이 통합해 새정치민주연합을 창당한 데다 세월호 참사와 이에 대한 박근혜 정부의 무능한 대처 논란이 확산되면서 "이보다 더 좋은 환경은 없다"는 말이 나올 정도로 야당에 유리한 국면 속에서 진행됐다. 하지만 민주당계와 안철수계의 공천 다툼이 여론에 악영향을 미치면서 사실상 무승부라는 성적표를 받아들게 됐고, 이어진 7·30 재·보궐선거에는 지방선거의 아쉬운 결과에 대해 반성하기는커녕 최악의 공천 파동을 재연한 끝에 참패하고 말았다. 이는 안철수·김한길 공동대표의 즉각 사퇴와 손학규 전 대표의 정계은퇴로 이어졌고 박근혜 정부에게는 '세월호 면죄부'와 함께 기사회생의 기회를 헌납하는 결과를 초래했다. 지도부가 총사퇴하고 여권에 정국의 주도권을 내주게 되는 것도 4년 전의 데자뷔였다. 또한 이 같은 모습은 야당 내 각 세력이 자기 몫 챙기기에만 혈안이 된 나머지 여론과 민의는 아랑곳하지 않고 견제와 저항이란 야당의 책임성을 망각하고 방기했다는 점에서 여론의 거센 역풍을 불렀다.

　야당으로서 한나라당과 민주당의 위기 극복 방법도 전혀 달랐다. 노무현 정부 시기의 한나라당은 위기의 순간에 박근혜 대표를 내세우면서 리더십을 강화하고 안보와 성장 담론을 앞세우며 당의 지지 기반을 확대하는 전략을 쓴 반면, 이명박·박근혜 정부 시기의 야당인 민주당은 "당을 해체하는 수준으로 혁신해야 미래가 있다"거나 "기존 정당의 기득권을 과감히 버리고 시민사회와 통합하며 다른 진보 야당과 연대해야 한다"며 오히려 야당의 전통적인 지지 기반을 약화시키고 리더십을 분산시키는 방향으로 나아갔다.[20] 그러면서 선거를 앞두고는 정책 대안에 대한 고민 없이 야권연대에만 매달리는 전략적 미숙함을 드러냈다.

민주당은 여기서 한발 더 나아가 "중도를 선점해야 선거에서 승리할 수 있다"는 중도 프레임에 사로잡혀 기존의 지지층을 꾸준히 다지려는 노력 없이 외연 확대에만 치중하면서 결과적으로 산토끼도 잡지 못하면서 집토끼마저 놓쳐 버리는 최악의 상황에 처하고 말았다. 이러한 중도 지향적 태도는 사회적 갈등을 해로운 것으로 규정하고 이를 회피하려고만 한다는 점에서 현실 정치에서의 야당에게는 결코 이롭지 않은 전략이었다. "갈등은 사람들을 분열시키는 동시에 통합시킨다. 갈등이 격렬해질수록 상호 적대적인 두 진영의 내적 통합은 더욱 강화된다"는 샤츠슈나이더의 분석처럼[21] 정치는 본질적으로 갈등을 기반으로 한다. 생각이 다른 사람들끼리 싸우는 게 정치고 이를 조율하는 과정에서 정치의 영역이 자리 잡게 된다. 학문적으로도 갈등은 제거돼야 할 사회악에서 현실적으로 불가피한 개념으로, 더 나아가 적절한 관리의 대상으로 바뀌어 왔다. 그럼에도 불구하고 이 시기의 야당은 갈등은 지지도만 떨어뜨릴 뿐이라고 치부하고 중도층만 포섭하면 선거에서 이길 수 있다는 안이한 시각으로 정국에 임하면서 자연스레 대여 투쟁력을 상실하게 됐다. 그리고 이는 곧 견제와 저항이라는 야당의 책임성을 수행함에 있어서도 커다란 걸림돌로 작용하게 됐다.

이는 한국의 야당이 어느새 현실 안주형 카르텔정당으로 전락해 버렸음을 의미한다는 점에서 문제의 심각성을 더욱 크게 하고 있다. 대의민주주의에서 대통령과 집권 여당을 견제하는 데 최선의 노력을 다하라는 책무責務·책임과 의무를 유권자들로부터 부여받은 야당이 이를 위해 전력투구하기는커녕 오히려 자신들이 가진 소小기득권에 연연한 나머지 여당과 적당히 타협하는 모습을 보이고 있다는 점에서다. 그러면서도 다른 군소 야당에게는 갑의 위치에서 권력을 남용한다는 비판에 직면했다. 여당과 공조해 소선거구제 등 양당제에 유리한 선거 제도를 유지하려 하거나 야권연대 과정에서 '갑의 횡포'를 일삼은 게 대표적 사례다. 이처럼 대여 투쟁력에 더해 투쟁 의지까지 상실해 가는 야당에게 야당의 책임성을 요구하는 것은 애당초 모순이자 무리였다.

이 같은 야당의 무책임한 모습은 존재감의 급격한 위축으로 이어졌다. 제1야당으로서 대여 견제라는 역할을 효과적으로 수행하지 못하는 데 대한 여론의 비난이 비등했다. 이명박·박근혜 정부 시기의 각종 여론조사에서도 야당의 제 역할을 담당하고 있다는 평가는 줄곧 20%를 밑돌았다. 워낙 존재감을 인정받지 못하다 보니 이명박 정부 전반기에는 박근혜 전 대표에게, 후반기에는 안철수 서울대 교수 등 무소속에게 제1야당의 실질적 지위를 내주는 굴욕까지 맛봐야 했다. 여론도 대통령과 집권 여당을 견제할 제1의 대항마로 민주당을 꼽으려 하지 않았다. 그 와중에 이명박 정부가 4년 연속 새해 예산안을 강행 처리했지만 야당은 이를 한 번도 저지하지 못했다. 오히려 쇠망치와 전기톱까지 동원해 민의의 전당인 국회를 난장판으로 만드는 희대의 물리적 충돌까지 빚으며 야당의 위상과 이미지만 추락시켰다.

그러면서도 이명박 정부의 4대강 예산 통과를 끝내 막지 못한 것은 노무현 정부 시기의 한나라당과 전적으로 대조되는 모습이었다. 당시 박근혜 대표와 한나라당은 여당의 4대 개혁입법 추진에 맞서 여론전과 대여 공세 전술을 효율적으로 구사하며 아무런 물리적 충돌 없이도 여당의 입법을 저지하는 데 성공했다. 여기에는 두 가지 요인이 작용한 것으로 보인다. 첫째는 당시 한나라당의 견제와 저항이 강고한 지지층을 바탕으로 하고 있었다는 점이다. 비록 안보라는 이념 프레임을 내세워 민심을 가르는 전략을 썼다는 비판을 받아야 했지만 현실적으로는 보수 지지층을 규합하고 이를 공고히 다지는 데 성공하면서 든든한 지원군을 등에 업고 대여 투쟁에 나설 수 있었다. 반면 이명박 정부 시기의 민주당은 당 내부는 물론 지지층도 사분오열된 상태에서 효과적인 대여 투쟁에 나설 수 없었다. 물리적 저지에도 불구하고 예산안 통과를 막지 못한 이후 야당 내의 각 계파가 서로에게 책임을 전가하는 모습을 보인 것은 당시 야당의 현실을 가장 상징적으로 보여주는 장면이었다.

둘째는 강력한 차기 리더십의 존재 유무를 꼽을 수 있다. 노무현 정부 시기의 야당인 한나라당은 1997년에 이어 2002년 대선에서도 패한 뒤 대통령 탄핵에도 실패하면서 사면초가의 위기 상황에 처해 있었다. 하지만 당시 한나라당에는 박근혜 대표라는 강력한 차기 주자가 당내에 존재하고 있었고, 이에 더해 이명박 당시 서울시장도 지지도 고공행진을 거듭하면서 정권 교체의 희망을 높이고 있었다. 이들의 존재는 당 소속 의원들과 지지층으로 하여금 2007년 대선에서는 정권을 되찾아올 수 있을 것이란 자신감을 갖게 하기에 충분했고, 이 같은 흐름은 대여 투쟁 과정에서 내부 단결을 유지하며 흐트러짐 없이 단일대오를 유지할 수 있는 주된 요인으로 작용했다. 반면 이명박 정부 시기의 민주당은 2007년 대선에 이어 뚜렷한 차기 주자가 부상하지 않은 상태였다. 이로 인해 친노와 비노 등 당내 각 계파는 일단 당의 주도권부터 확보하는 게 우선이라는 현실적 판단을 하게 됐고, 이는 야당의 힘을 대여 견제 대신 당내 투쟁에 쏟는 결과로 이어졌다.

이는 견제와 저항이라는 야당의 책임성을 수행하는 데 있어서 강력한 차기 리더십의 유무가 주요 변수로 작용한다는 가설을 실증적으로 입증하는 사례라고 할 수 있다. 노무현 정부 시기의 한나라당이 이명박·박근혜라는 유력 주자의 존재를 등에 업고 대여 투쟁에서 단결된 모습을 보인 데 비해 이명박 정부 시기의 민주당은 아직 문재인·안철수라는 차기 대선후보가 부상하기 전의 상황에서 뚜렷한 당내 구심점을 확보하지 못한 채 지리멸렬한 모습을 반복했다는 점이 이를 증명해 주고 있다. 박근혜 정부 말기에도 비록 박근혜 대통령 탄핵이라는 초대형 변수가 발생했지만 야당이 탄핵을 성공적으로 이끌어내고 더 나아가 대선 정국을 주도해 나갈 수 있었던 데는 문재인·안철수·안희정·이재명·박원순 등 여러 대선후보의 존재도 한몫했다는 평가다. 반면 새누리당은 박근혜 대통령 이후 차기 주자를 키우는 데 실패하면서 내부 분열만 가속화됐고 결국엔 대선을 눈앞에 두고 당이 쪼개지는 상황을 맞게 됐다.

하지만 견제와 제재, 저항만으로는 여론의 지지와 신뢰를 되찾고 야당의 지지도를 끌어올리는 데 한계가 있다는 점 또한 분명히 드러났다. 이는 각종 여론조사를 통해서도 통계적으로 입증되고 있다. 이명박 정부와 박근혜 정부는 집권 초기부터 잇단 인사 참사와 밀어붙이기식 통치 행태로 급격한 민심 이반에 직면해야 했다. 이명박 정부는 출범 두어 달 만에 대규모 촛불집회를 마주했고 박근혜 정부도 취임 직후 지지도가 역대 정부 최저치를 기록했다. 대선 패배의 충격에 젖어 있던 당시 야당도 대여 공세의 고삐를 바짝 조이고 나섰다. 그럼에도 불구하고 대통령과 집권 여당의 지지도 하락은 곧바로 야당의 지지도 상승으로 이어지지 않았다. 이는 대통령과 여당의 실정에 따른 반사이익만으로는 야당에 대한 여론의 신뢰를 되찾기 힘들다는 점을 의미했다.

실제로 각종 여론조사에서도 나타났듯이 야당이 여당에 대한 견제에 더해 나름의 정책 대안을 내놓으며 보다 적극적으로 국민의 지지를 이끌어내려고 노력할 때 비로소 유의미한 지지도 상승을 이끌어낼 수 있었다. 2010년 지방선거에서 무상급식 공약을 내세운 게 대표적 사례다. 무상급식 공약이 야당 승리의 일등공신이었음은 지방선거 이후 여론조사를 통해 수치로도 확인되고 있다. 이는 상대적으로 수동적·대응적 측면이 강한 견제라는 수단에 선제적·주도적·능동적 차원의 대안 제시가 더해질 때 훨씬 효과적으로 국민적 지지를 확보할 수 있음을 보여주고 있다.

그럼에도 세 정부 시기의 야당 모두 국민이 실생활에서 체감할 수 있는 공약을 정책 대안으로 제시하는 것에는 좀처럼 관심을 기울이지 않았다. 군사정권 시절부터 이어져온 견제론과 정권 심판론 중심의 대여 투쟁 관행에 젖어 있다 보니 유권자들의 실질적 관심사가 바뀌고 있고 이에 따라 투표의 결정 기준 또한 변하고 있음을 인지하지 못했던 것이다. 이명박 정부 시기의 민주당도 2010년 지방선거에서 무상급식 공약으로 승리를 견인해 냈음에도 불구하고 이를 계속 부각시키려는 노력을 기울이지 않았고, 그러는 사이에 오히려 박근혜 후보에게 경제민주화 담론을 빼앗기면서 대선 정국의 주도권을 내주는 우를 범하고 말았다.

　이처럼 야당의 존재감이 갈수록 작아지고 그로 인해 야당의 책임성 또한 좀처럼 확보되지 않는 정치 현실은 대의민주주의와 정당의 위기를 불러 왔다. 대통령과 집권 여당의 자만심과 불통, 독선이 도를 넘어서는 상황에서도 야당이 제 역할과 의무를 담당하지 못하자 국민들이 직접 거리와 광장으로 뛰쳐나오기 시작했다. 이명박 정부 초기의 광우병 촛불집회와 박근혜 정부 말기의 국정농단 촛불집회가 대표적이다. 야당의 무능력·무기력·무책임성에 더 이상 기댈 수 없다고 판단한 민심이 직접민주주의를 통해 문제 해결에 나선 것이었다. 두 차례의 촛불집회는 대통령과 집권 여당에 적잖은 타격을 주면서 일방적인 정국의 흐름을 되돌리는 데 크게 기여했지만 그 과정에서 야당의 역할은 극히 제한적인 수준에 머물 수밖에 없었다.

　하지만 직접민주주의가 대의민주주의를 구조적으로 대체하는 것은 현실적으로 불가능하다. 21세기 다원화된 현대사회는 복잡하고 다층적인 이해관계를 효율적으로 조율해 내야 하는 과제를 안고 있고, 이를 현실적으로 가장 잘 담당할 수 있는 정치 기제가 바로 정당이라는 게 오늘날 민주주의 사회의 일치된 합의다. 그런 만큼 야당이 제 역할을 담당하지 못하고 야당의 책임성이 온전히 확보되지 못하는 현실은 야당의 위기뿐 아니라 정당의 위기, 더 나아가 대의민주주의의 위기로 이어질 수 있다는 점에서 또 다른 숙제를 던져주고 있다. 이는 야당이 바로 서야 민주주의의 진정한 발전을 기대할 수 있으며 견제와 대안을 중심으로 야당의 책임성이 제대로 이행될 때 한국의 민주주의도 한층 성숙해질 수 있다는 이 책의 기본적인 문제의식과도 맞닿아 있다. 아무쪼록 이 같은 분석과 평가가 오늘날 한국 정치에 대한 국민적 불신을 조금이나마 해소하는 데 있어 의미 있는 실마리를 제공할 수 있었으면 하는 바람이다.

참고문헌

1. 장덕진, "4대 개혁입법의 실패와 개혁 동력의 상실", 강원택·장덕진 엮음, 『노무현 정부의 실험: 미완의 개혁』(서울: 한울, 2011), p. 56.
2. 홍성태, "촛불집회와 민주주의", 『경제와 사회』제80호 (2008), p. 10.
3. 이갑윤, "촛불집회 참여자의 인구·사회학적 특성 및 정치적 정향과 태도", 『한국정당학회보』 9:1 (2010), p. 113.
4. 김형준, "6·2 지방선거 분석: 집합자료 결과와 유권자 투표 행태를 중심으로", 『국제정치연구』 13:2 (2010), p. 2.
5. 장훈, "19대 총선 결과의 의미: 구조를 누른 행위자와 제도의 효과", 『21세기 정치학회보』 22:3 (2012), p. 141.
6. 민주정책연구원, "4·11 총선 평가와 과제", (2013), pp. 16-18.
7. 강원택, "왜 회고적 평가가 이뤄지지 않았을까: 2012년 국회의원 선거 분석", 『한국정치학회보』46:4 (2012), p. 129.
8. 장승진, "제19대 총선의 투표 선택: 정권심판론, 이념 투표, 정서적 태도", 『한국정치학회보』 46:5 (2012), p. 116.
9. 이내영·안종기, "제18대 대통령선거와 회고적 투표: 왜 제18대 대통령선거에서 집권정부에 대한 회고적 평가가 중요한 영향을 미치지 못했나", 『한국정당학회보』12:2 (2013), pp. 17-18.
10. 최재천·김태일, 『민주당이 나라를 망친다, 민주당이 나라를 살린다』(서울: 모티브룩, 2010), p. 22.
11. 이해영, "선거연합 협상, 반 보만 물러서 보라", 『경향신문』, 2010년 4월 27일.
12. 조국, 『조국, 대한민국에 고한다』(파주: 21세기북스, 2011), p. 91.
13. 장승진, "제20대 총선의 투표 선택: 회고적 투표와 세 가지 심판론", 『한국정치학회보』50:4 (2016), p. 153.
14. 정한울, "여론으로 본 20대 총선 평가: 오만한 정치에 대한 유권자들의 항의 투표", 『동향과 전망』제97호 (2016), p. 205.
15. 새누리당, 『국민백서: 국민에게 묻고 국민이 답하다』(서울: 새누리당, 2016), p. 149.
16. 손호철, 『촛불혁명과 2017년 체제』(서울: 서강대 출판부, 2017), p. 85.
17. 장훈, "촛불의 정치와 민주주의 이론: 현실과 이론, 사실과 가치의 긴장과 균형", 『의정연구』 23:2 (2017), pp. 61-62.
18. 김동춘, "촛불시위, 대통령 탄핵과 한국 정치의 새 국면", 『황해문화』2017년 봄호 (2017), p. 203.
19. 김수진, "한국 정당정치의 현실과 야당: 3김 시대부터 안철수의 실패한 새 정치까지", 『시민과 세계』제26호 (2015), p. 42.
20. 유창오, 『정치의 귀환: 야당, 갈등을 지배하라!』(서울: 폴리테이아, 2016), p. 41.
21. E. 샤츠슈나이더, 박수형·현재호 역, 『절반의 인민주권』(서울: 후마니타스, 2008), p. 118.